浙江省机动车维修技术人员从业资格培训教材

车身涂装

（模块G）

浙江省机动车维修技术人员从业资格培训教材编写组　编
陈　虹　主编
胡慧艳　陈绍峰　参编

人民交通出版社

内 容 提 要

本书为浙江省机动车维修技术人员从业资格培训教材。全书共分六章,内容包括:涂料知识、汽车涂层修补工具及设备、调色理论与实践、汽车维修涂装、车身涂装质量检验、涂装安全与个人防护。

本书可供机动车维修技术人员从业资格考试前复习参考使用。

图书在版编目(CIP)数据

车身涂装：模块 G / 陈虹主编. —北京 ：人民交通出版社，2013.4

浙江省机动车维修技术人员从业资格培训教材

ISBN 978-7-114-10440-4

Ⅰ. ①车… Ⅱ. ①陈… Ⅲ. ①机动车－车体－喷涂－技术培训－教材 Ⅳ. ①U472.44

中国版本图书馆 CIP 数据核字(2013)第 043306 号

浙江省机动车维修技术人员从业资格培训教材

书　　名：车身涂装(模块 G)
著 作 者：陈　虹
责任编辑：顾嬬鲁　翁志新
出版发行：人民交通出版社
地　　址：(100011)北京市朝阳区安定门外外馆斜街 3 号
网　　址：http://www.ccpress.com.cn
销售电话：(010)59757973
总 经 销：人民交通出版社发行部
印　　刷：北京市密东印刷有限公司
开　　本：720×960　1/16
印　　张：9.5
字　　数：140 千
版　　次：2013 年 4 月　第 1 版
印　　次：2015 年 11 月　第 2 次印刷
书　　号：ISBN 978-7-114-10440-4
定　　价：23.00 元

前言

FOREWORD

交通部颁布实施的《道路运输从业人员管理规定》，规定了机动车维修技术负责人、质量检验人员及从事机修、电器、钣金、涂漆、车辆技术评估（含检测）作业的技术人员实行从业资格考试制度。从业资格考试是根据浙江省道路运输管理局印发的《浙江省机动车维修技术人员从业资格培训大纲》《浙江省汽车维修企业价格结算员、业务接待员、汽车车身美容装潢工、轮胎修理工、摩托车维修工从业资格考试大纲》、考试题库、考核标准、考试工作规范和程序组织实施。

为配合浙江省机动车维修技术人员从业资格考试，做好相关的从业人员的培训工作，我们组织相关老师及长期从事技术管理的有关人员，编写了浙江省机动车维修技术人员从业资格培训教材。本套丛书共13册，分别为：《职业道德和法律法规（模块A）》《技术质量管理（模块B）》《维修检验技术（模块C）》《发动机与底盘检修技术（模块D）》《电器维修技术（模块E）》《车身修复（模块F）》《车身涂装（模块G）》《车辆技术评估（模块H）》《汽车维修价格结算（模块I）》《汽车维修业务接待（模块J）》《汽车美容与装饰（模块K）》《汽车轮胎修理（模块L）》《摩托车维修（模块M）》。

本教材是依据浙江省机动车维修服务的实际需要，配合浙江省维修企业管理部门的要求及从业人员在职学习的特点，按照理论与实践相结合的原则编写的。在注重加强机动车维修技术人员的理论学习与实际操作能力提升的同时，也适当加入了机动车维修发展的前沿技术等方面的知识。

本书由浙江交通技师学院的陈虹老师担任主编，胡慧艳、陈绍峰老师担任参编，全书由陈绍峰老师统稿。

由于时间仓促和编写的水平有限，书中难免存在一定的疏漏和不足之处，敬请业内同行和使用者批评指正，以便教材再版时不断修改完善与提高。

浙江省机动车维修技术人员
从业资格培训教材编写组
2013年1月

目 录

CONTENTS

第一章 涂料知识

汽车的大多数零件都是由金属制造的，为了减少零件腐蚀造成的损失，人们采取了很多措施，而涂料防腐技术因其具有防腐效果好、价格低廉、货源充足、易修补等特点，在金属防腐措施中被广泛应用。因此只有了解和掌握了涂料的组成、性能、操作工艺、成膜原理等方面的知识，才能确保汽车维修的涂装质量。

涂料是指涂于物体表面，能形成具有保护、装饰或特殊功能（如绝缘、导电、示温、隐身等）的固态涂膜的液体或固体材料的总称。

现代涂料正逐步成为多功能的工程材料，所形成的涂膜属于高分子化合物。涂料能广泛地应用于不同材质的物体表面，能适应不同性能要求，涂膜容易维护和更新，所以得到了广泛应用。

第一节 涂料的组成和成膜方式

一 涂料的组成

涂料按其所用原料的性能、形态可分为油料、树脂、颜料、溶剂及助剂等。

（1）油料和树脂。油料和树脂是主要成膜物质，叫做固着剂（或黏结剂），是涂料的基础，它是涂料成膜不可缺少的物质，因此也叫基料、漆料或漆基。

（2）颜料。颜料为细粉状，或是天然矿物、金属粉，或是化学合成的无机化合物、有机染料。

（3）溶剂。溶剂是涂料的挥发部分，它是液态涂料制造和涂装过程中不可缺少的组成之一，借助它可将涂料调到能满足其在制造和施工中的某些要求。

(4)助剂(又称添加剂)。它们在涂料中用量很少(一般不超过5%)，但所起的作用很大，往往使涂料的某些性能发生显著变化。

在涂料的组成中，没有颜料或体质颜料的透明体，称为清漆；加有颜料或体质颜料的有色或不透明体，称为色漆(磁漆、调和漆、底漆)；加有大量体质颜料的稠厚浆状体，称为腻子。涂料中没有挥发性稀释剂称为无溶剂涂料，又呈现粉末状的则为粉末涂料；以一般有机溶剂为稀释剂的称为溶剂型涂料；以水作为稀释剂的则称为水性涂料。

二 涂料的成膜方式

1. 溶剂挥发型

涂料在常温下靠溶剂挥发干燥成膜。在干燥过程中，成膜物质的分子结构无显著的化学变化。如乙基纤维素涂料、硝化纤维素涂料、过氯乙烯树脂涂料、热塑性丙烯酸树脂涂料、虫胶漆等。

2. 氧化—聚合型

涂料的干燥可在常温下进行。干燥过程大致分为两个阶段：第一阶段，溶剂从液态的涂膜中挥发出来；第二阶段，进行氧化和聚合反应，形成坚韧的涂膜，如清油、酯胶漆、酚醛涂料、醇酯涂料等。

3. 烘烤聚合型

涂料必须在一定的温度下烘烤，使成膜物质分子中的官能基团发生交联反应而固化。如氨基醇酸烘烤涂料、沥青烘烤涂料、有机硅烘烤涂料等。

4. 固化剂成膜型

这类涂膜的固化机理是依靠固化剂中的活性基团引起成膜物质分子交联而固化。如胺固化环氧涂料、双组分聚氨酯涂料等。

第二节 树　　脂

一 树脂的概念

树脂是许多高分子复杂化合物相互溶解而成的混合物。

一般树脂都具有可熔化和溶解于有机溶剂中(如溶解于醇、酯、酮中),而难溶或不溶于水的性质。

二 树脂的分类

目前涂料用的树脂按来源可分为:自然界的天然树脂,如松香、虫胶、沥青等;用天然高分子化合物加工而成的人造树脂,如松香衍生物(石灰松香、松香甘油脂、顺丁烯二酸酐松香脂)、纤维衍生物;用化工原料合成的合成树脂,如聚合型(聚氯乙烯树脂、过氯乙烯树酯、丙烯酸树脂)、缩合型(酚醛树脂、醇酸树脂);汽车涂料用树脂,如醇酸树脂、聚酯树脂、氨基树脂、丙烯酸树脂、环氧树脂等。

第三节 颜　　料

颜料是有色涂料制造过程中必不可少的原料,它能使涂层具有一定的遮盖能力,有增加色彩和保护装饰功能,从而可以掩盖基材上的缺陷。

一 颜料的概念

颜料是一种微细粉末状的有色物质,它不溶于水或油而能均匀地分散在介质中,涂于物体表面形成带色层,呈现一定的色彩。颜料具有适当的遮盖力、着色力、高分散度、鲜明的颜色和光稳定性等。根据来源,颜料可分为天然颜料和合成颜料。颜料与染料的区别在于染料可溶于介质中,使被染物品全部染色,而颜料不溶于介质中,仅能使物品表面着色。在某些特殊用途的汽车涂料中,也有少量的染料在应用。

二 颜料的性质

1. 颜色

颜色就是反射的光波给人的感觉。颜色的特征和区分标准,用三种参数来表示,即色调、明度和饱和度(或纯度)。

2. 遮盖力

色漆的遮盖力是指色漆(或含颜料的成膜物质)涂饰在物体表面,把被涂饰物的表面隐藏起来的能力。颜料的遮盖力则是色漆涂膜中的颜料能遮盖起涂膜的表面,使它不能透过涂膜而显露的能力。

3. 着色力

着色力是某一颜料与另一种颜料混合后形成颜色强弱的能力。着色力强,用量就少。颜料分散度越大,着色力越大。

4. 吸油量

在100g的颜料中,把精制亚麻油一滴一滴地加入,并用调墨刀(刮铲)捏合,初加油时,颜料仍保持松散状态,随着加油量的增加,松散粒状相互连接,一直到最后加入的一滴油,使全部颜料粘连成一团。这样实验所用油的量,就是颜料的吸油量。

5. 颗粒大小

颜料颗粒的大小,不仅决定着颜料的特性,而且也决定着涂膜的质量。在其他条件相同的情况下,颜料的色泽取决于其细度。细度提高,可加强颜料的主色调和亮度。颜料的遮盖力和着色力也取决于其分散度。

6. 耐光性

颜料在光的作用下,颜色有不同程度的变化。无机颜料长期在阳光照射下,颜色将变暗。

7. 粉化

某些颜料,如钛白粉,制成涂膜后经过一定时间的暴晒,涂膜中的成膜物被破坏,表面上的颜料无法牢固地继续留在涂膜里,而从涂膜中脱

落，形成一个粉末层，可以被擦掉或用水洗掉，这种现象叫做粉化。

8. 水分

颜料的颗粒表面，常吸附着一层水的薄膜。

9. 耐热性

汽车涂料的施工过程，多采用加热高温烘烤的方法，使涂料中的聚合物发生化学反应交联成膜。

10. 耐溶剂性

有些颜料当与某种溶剂接触，出现渗色现象（这种现象必须避免），说明颜料的耐溶剂性差。一般无机颜料的耐溶剂性能较好，而有机颜料的耐溶剂性能要差一些。

11. 耐酸碱性能

颜料的耐酸、耐碱性能如何，是应予以考虑的。有的涂料含有一些酸性固化剂，在有这样的原料存在时，使用的颜料必须对酸性是稳定的。

三 着色颜料

着色颜料在涂料中除了起到颜料的一般作用外，主要起着色和遮盖的作用。这类颜料具有白色、黑色或其他各种彩色，都具有一定的着色力和遮盖力，是颜料中品种最多的一类。

1. 白色颜料

（1）钛白。钛白化学名称为二氧化钛（TiO_2），是白色颜料中最好的一种。

（2）锌钡白。锌钡白又名立德粉，颜色洁白，遮盖力强，着色力高，耐热性好，耐碱，但不耐酸。

（3）氧化锌。又名锌白，化学成分 ZnO，颜色纯白，遮盖力不如钛白、锌钡白好。

2. 黑色颜料

（1）炭黑。炭黑是由烃类经过各种方法热裂化（热解）而制得，主要成分是碳。炭黑具有非常高的遮盖力、着色力，耐油性较高。

(2)铁黑。铁黑是四氧化三铁(Fe_3O_4),它的遮盖力、着色力都很高,在光及大气的作用下很稳定。

3. 黄色颜料

(1)铅铬黄。铅铬黄是铬酸铅或铬酸铅与硫酸铅的混合物。铬酸铅含量越多,则颜色越黄,遮盖力越好,是黄色颜料中遮盖力和着色力较好的一种。

(2)铁黄。铁黄具有很好的颜料性能。它的遮盖力、着色力都很强,耐光性、耐大气性、耐碱性都很好,能溶于酸中,遇热易转化成铁红。

4. 红色颜料

(1)镉红。镉红是硫化镉和硒化镉的固体溶液,硒化镉含量越高,颜料的红色光越强。它的牢度强,并具有耐高温、耐光、耐碱、遮盖力及着色力好、色彩鲜明等优良性能。

(2)铁红。铁红的耐光性、耐候性及化学稳定性都很好,着色力也很强。

5. 蓝色颜料

(1)铁蓝。铁蓝又称普鲁士蓝,铁蓝的色调因技术条件要求的不同分为青光、红光或青红光等品种。铁蓝的着色力很好,遮盖力不强,不溶于水和油,耐光、耐候、耐酸性良好,其最大缺点是不耐碱。

(2)酞青蓝。酞青蓝色泽鲜艳,遮盖力、着色力强,在耐光耐化学品方面优于其他蓝色颜料。

6. 绿色颜料

(1)铅铬绿。铅铬绿是由铅铬黄与铁蓝用沉淀法制成的绿色颜料,其遮盖力、着色力、耐光和耐大气性均很好。

(2)酞菁绿。酞菁绿是一种绿色有机颜料,是铜酞菁蓝的氯代衍生物,其氯代程度越大,色泽绿相就越强。其色调鲜明,着色力、遮盖力、耐光性、耐候性都很好,是一种性能非常好的绿色颜料。

7. 金属粉颜料

(1)铝粉。铝粉又称银粉。铝粉颗粒呈平滑的鳞片状,显银色光

泽，故称银粉。它具有非常高的遮盖力和很好的耐热性，片状铝粉还具有反射太阳照射热能的能力。

(2)铜粉。铜粉俗称金粉，与铝粉相比，其质地较重，遮盖力弱，反射光和热的性能差。铜粉主要用于装饰。

(3)珠光颜料。最主要的品种是二氧化钛包覆的鳞片状云母，光线照射其上时，可发生干涉反射，部分波长的光线可强烈地反射。

(4)超细二氧化钛。在汽车表面金属涂料中，特殊超细二氧化钛与铝粉颜料配合使用，可以出现人们熟悉的随角度异色效应。

四 体质颜料

体质颜料也叫填充颜料，它不具有遮盖力和着色力。主要作用是降低成本、增加涂膜厚度、提高力学性能等。

五 防锈颜料

防锈颜料是防锈漆的重要组成之一，在底漆中，它起到防锈作用。

(一)分类

各种防锈颜料的性质不同，它们的防锈作用机理也各不相同。防锈颜料可分为以下两类。

1. 化学性防锈颜料

锌粉，能提供阴极保护作用。红丹，在阳极范围内发生钝化作用。磷酸盐，借助化学作用形成阻蚀性络合物。

2. 物理性防锈颜料

颜料本身化学性能比较稳定。如氧化铁红，其主要的功用是提高漆膜的致密性，降低漆膜的可渗透性，阻止阳光和水分透入，增加防锈效果。

(二)常用的化学性防锈颜料

1. 红丹

红丹是一种橘红色的粉料。它吸油性较小，遮盖力不强。红丹不能作铝等轻金属表面的防锈颜料,受热后有一定的毒性且价格较贵。

2. 锌粉

锌粉是金属锌的粉末,外观呈浅灰色,主要用在富锌底漆中,但含量需占颜料的95%以上,如含量低,保护能力下降。

(三)常用的物理性防锈颜料

1. 云母氧化铁

云母氧化铁是一种天然的矿物,既具有氧化铁红的优良颜料性能,又具有片状颜料的特性,用它制造的防锈漆吸水性低,抗紫外线,化学稳定性好,机械强度高,附着力好,弹性好。另外,其施工方便,无毒,不裂,不褪色,不渗透,不粉化。

2. 含铅氧化锌

含铅氧化锌又称冶炼氧化锌,是冶炼铜时的副产品,含铅5%左右。它是具有一定防锈性能的颜料。

第四节　溶剂及常用辅助材料

一 溶剂的种类、通性和功用

(一)溶剂的种类

溶剂的种类很多,按其来源、化学成分的不同,可分为以下几类。

1. 水

水是乳胶漆的主要成分。它可以单独与醇类或醚醇类溶剂一起用作溶解水性树脂或水性颜料的溶剂。价低,无毒无味,不燃,但不能与大多数有机溶剂混溶,限制了它的使用范围。

2. 萜烯类溶剂

常用的有松节油,由松脂蒸馏而得的叫树脂松节油;由松木蒸馏而得的叫木松节油。

3. 烃类溶剂

烃类溶剂是涂料工业中用量最多的一类溶剂。

溶剂汽油又称 200 号溶剂或松香水,多年来用它代替松节油作油基漆的溶剂。它是石油分馏产物,其挥发速度较松节油稍快,毒性小,溶解力属于中等范围,可与很多有机溶剂互溶。

4. 醇类溶剂

(1)乙醇。又称酒精,用粮食发酵或人工合成都可制得。它是一种有机溶剂。工业酒精能溶解天然树脂(如虫胶),制成虫胶清漆。

(2)甲醇。它能溶解硝化纤维素。

5. 酯类溶剂

它是醇类和有机酸反应的产物,也可由石油气直接合成而得。它们的溶解力强,性质相似,只是沸点和蒸发速度有所不同。

6. 酮类溶剂

(1)丙酮。用粮食发酵生产丁醇时,可同时生产出丙酮,也可用异丙醇合成生产丙酮。它溶解力很强,能溶解乙烯类、丙烯酸树脂等。它也是脱漆剂的主要组分之一。它极易燃烧,使用时必须严加防火。

(2)环己酮。环己酮由环己醇脱氢而得。它溶解力强,挥发速度慢,是纤维酯漆和聚氨酯漆的优良溶剂。

(二)溶剂的通性和功用

涂料的溶剂是一种能溶解脂肪、蜡、树脂、沥青、油类、硝化纤维等物质的、易挥发的有机液体,它是涂料的一个组成部分。涂料中的主要成膜物质(树脂或干性油),大部分是固体或黏稠状的液体,不能直接施工。涂料中使用溶剂是为了降低成膜物质的黏度(或稠度),以便于施工。

(三)使用溶剂时应注意的事项

溶剂是液态涂料的一个重要组成部分。它是涂料中暂时存在的成分,施工涂装后会从涂膜中挥发出去,但溶剂对涂料成膜质量的影响是非常大的,溶剂的性质极大地影响着涂膜的外观和应用。

1. 溶剂的选择

首先要考虑的是溶解力和挥发速率两个基本因素。

(1)溶剂的溶解力。要求溶剂对涂料中所不含挥发的成分要有很好的溶解性和互溶性。在挥发过程中,不会出现成膜物质不溶或沉淀现象。

(2)溶剂的挥发速率。要求溶剂的挥发量应随着涂膜的干燥而均匀地减少。挥发太快影响流平、回刷的时间,太慢造成针孔起泡、流挂、表干时间太长。

(3)溶剂的技术要求。溶剂要求色浅、透明、化学性质稳定、刺激性气味少、毒性小、价格便宜、来源充足。

2. 涂膜流平性

涂料施工中,湿涂膜的流平性是一个很重要的问题。如果湿涂膜黏度突然变稠,流动性不良,干后涂膜会呈现橘皮、麻点、丝纹、皱纹、针孔等弊病。在边角或垂直面上湿涂膜黏度太稀或太稠,容易出现涂膜流挂现象。此外,涂层的厚度、涂料的黏度、被涂物形状、施工温度、手工操作等都会影响涂膜的流平性。

3. 涂膜发白性

在涂料施工中,由于溶剂挥发快或溶解力强的溶剂大量挥发,有时会使涂膜表面出现一层白色晦暗无光的薄膜,此种现象叫涂膜发白。

涂膜发白分潮湿发白和纤维发白(或树脂发白)。

潮湿发白是涂料施工中常见的一种现象,其成因是在潮湿天气下,涂膜中溶剂大量挥发,导致涂膜温度下降过低,空气中潮气、水分在涂膜表面凝结并渗透到涂膜中所致。夏季因高温高湿度天气,最易发生"潮湿发白"现象。通常解决办法是加些挥发较慢的防潮剂施工。

纤维发白是由溶剂的挥发,真溶剂、助溶剂和稀释剂的比例失调所引起的。可以增加挥发速率较低的真溶剂用量来解决。

4. 溶剂释放性

涂料施工后,溶剂应全部挥发。干燥后的涂膜不应残留溶剂,不然会给涂膜带来许多弊病，如涂膜软、耐候性差、耐水性差、光泽降低等。一般涂料使用溶剂都是为了便于施工。但从溶剂释放性来说，挥发速率愈低，其释放性愈差。溶解高聚物能力最强的溶剂，也是其释放性最差的溶剂。要提高涂膜的性能，这类溶剂应尽量少用。

5. 安全使用溶剂

有机溶剂大多是易燃液体，要注意掌握它们的闪点和自燃点，要妥善保管，不能受热和高温烘烤。使用时绝对不能用明火，以防火灾和爆炸。有毒溶剂的蒸气，对人体有危害。中毒有急性和慢性两种，症状为头昏、眼花、唇色泛紫、皮肤干燥等。溶剂通过呼吸道或皮肤进入人体，人体有排出外来物质的机能，也可能吸收。所以在使用溶剂过程中如皮肤沾上溶剂应马上揩干净，打上肥皂，用水洗涤，如呼吸道干结或感觉不舒服，可多喝开水，以冲淡体内溶剂浓度并促使其随尿排出。施工工地必须有良好的通风设备，避免吸进溶剂和接触溶剂，尽量少用毒性强的溶剂，做好安全防护工作。

6. 溶剂的其他特性参数

(1)闪点。闪点用来表示溶剂在使用中的安全性，是溶剂受热后，在其表面的蒸气累积达到可燃烧浓度下的最低温度。

(2)铜片腐蚀试验。铜片腐蚀是测试溶剂纯度的。测试中铜片腐蚀严重，说明溶剂中有硫化物存在，这通常是不理想的。

(3)溶剂和稀释剂的颜色。溶剂和稀释剂的颜色通常是用赛波特比色计测量的。

(4)密度。密度是单位体积溶剂的质量，其单位为 g/mL。通常在说明密度时要说明其对应的温度，因为液体的体积随温度的变化而膨胀或收缩，但其质量不随温度而改变。

(5)相对密度。相对密度是一种物质的密度在相同温度下与水的密度的比值。

7. 稀释剂

(1)常用稀释剂的种类及使用。稀释剂一般由溶剂、助溶剂和冲淡剂三部分组成。在涂料施工中,常用稀释剂来溶解及稀释涂料,调整涂料的黏度,使之符合施工要求,以达到涂层表面平整光滑的目的。稀释剂的正确选用对涂膜性能有一定影响。因此,一定要正确使用稀释剂,最好使用造漆厂配制的稀释剂,并按产品使用说明操作。

(2)常用稀释剂有许多种,其名称和用途如下。

X—1 硝基漆稀释剂,又名喷漆稀料、甲级信那水、甲级香蕉水、甲级天那水。它由酯、酮、醇、苯类溶剂混合而成,主要用于硝基清漆、硝基磁漆、硝基底漆稀释。

X—7 环氧漆稀释剂,又名环氧稀料,由二甲苯和丁醇及酮类或醚类混合而成。它对环氧树脂有较好的溶解性,可用来稀释由纯环氧树脂及高分子环氧树脂制成的清漆、底漆、磁漆及腻子、防腐漆。

X—8 沥青漆稀释剂。由重质苯与煤油配制而成,配制比例为8:2,不能用于常温干燥的沥青漆。

8. 汽车涂料用助剂

添加涂料助剂,可以改进涂料的生产工艺,提高涂料的质量和赋予涂料特殊功能,改善涂料的施工性能。依据助剂对汽车涂料和涂膜的作用可以分为:

(1)对涂料生产过程发生作用的助剂,如消泡剂、湿润剂、分散剂、引发剂;

(2)对涂料储存过程中发生作用的助剂,如防沉淀剂;

(3)在涂料施工成膜过程中挥发作用的助剂,如催干剂、固化剂、流平剂、表面控制剂、静电调节剂;

(4)对涂膜性能产生影响的助剂,如增塑剂、消光剂、防静电剂、光稳定剂、抗划伤剂。

二 固化剂

固化剂是一种具有催化剂作用的化合物。它能与合成树脂发生化学反应而使其干结成膜。主要应用于不能自干或烘烤干结成膜的涂料中。

常用固化剂有环氧漆固化剂、聚氨酯漆固化剂和聚酯漆固化剂。

三 催干剂

催干剂又称干料，是一种能够加速漆膜干燥的液体或固体。

大多数漆涂料已加过催干剂，只有少数未加（如厚漆为了防止表面结皮，一般未加催干剂），所以通常使用涂料时不再加催干剂。

在使用催干剂时，一定要控制好用量，不能太多，也不能太少，更要注意主催干剂不能加得太多。否则，会使涂膜出现皱纹，表干里不干；或影响涂膜的耐久性，加速涂膜的老化；或引起涂膜变脆、变黄以及出现早期龟裂等。

四 增塑剂

增塑剂是和成膜物质的高聚物（树脂）混合以增加其弹性和附着力的溶液。增塑剂使涂膜的耐冲击强度、弯曲性能、延伸率、附着力、耐寒性等物理性能有所提高，但涂膜抗张强度、硬度、耐热等性能则有所下降。

第五节 汽车用涂料的特点和要求

汽车主要由金属材料制成，而汽车用金属材料中使用最多的是钢铁。钢铁本身的防蚀性能很差，容易被空气中的氧和其他介质所腐蚀。为了保护汽车基体不受腐蚀，通常使用相应的涂料来加以保护，在其表面上形成一层保护层，使基体与外界的腐蚀介质隔开，从而延长材料的使用寿命。

一 汽车用涂料品种

汽车用涂料一般可按汽车上的使用部位和涂装工艺及涂层中所起

的作用来分类。

(一)按在汽车上的使用部位不同分类

(1)汽车车身用涂料。车身涂层一般是由底层涂层、中间涂层和表面涂层三层或由底层涂层和表面涂层两层构成,它们基本上要兼备汽车用漆的要求。

(2)货厢用涂料。其质量要求较前者低,一般为底、面两层涂层。

(3)车轮、车架等部件用耐腐蚀涂料。它的主要技术指标是要求耐腐蚀性能(耐盐雾性、耐水性等)好;要求涂膜坚韧耐磨,具有耐机油性。

(4)发动机部件用涂料。发动机体不能高温烘烤,故要求涂料具备低温快干性能,要求涂膜的耐汽油、耐机油和耐热性较好。

(5)底盘用涂料。车桥、传动轴等底盘件不能高温烘烤,要求具备低温快干性能。因在车下,环境恶劣,经常与泥水接触,故要求其耐腐蚀性优良,具备较好的耐机油性。

(6)铸锻件、毛坯和冲压件半成品用涂料。涂层主要用来防锈,所用涂料一般属于防锈底漆类。要求具备较好的防锈性能、机械强度和附着力(或涂层间的结合力)。

(7)车内装饰件用涂料。指轿车和大客车车内装饰件用涂料,其主要性能是要求极高的装饰性。

(8)特殊要求用涂料。蓄电池固定架用耐酸涂料,汽油箱内表面用耐汽油涂料,汽车消声器、排气管和汽缸垫用耐热涂料,车身底板下用耐磨防声涂料,车身焊缝用密封涂料等。

(二)按在涂装工艺及涂层中所起的作用不同分类

(1)涂前表面处理用材料,主要包括清洗剂和磷化处理剂。

(2)汽车用底漆。底漆是直接涂在经过表面处理的工作表面上的第一道漆,它是整个涂层的基础。起到防锈、防水、防蚀和保护基体的作用。

(3)汽车用中间涂料。所谓中间层涂料,是介于底漆层与面漆层之间的涂层所用的涂料。其主要功能是改善被涂工件表面和底漆层的平整度，为面漆层创造良好的基底，以提高整个涂层的装饰性。

(4) 汽车用面漆。汽车用面漆是最后一道涂层用的涂料，它直接影响汽车的装饰性、耐候性和外观等。

(5) 辅助材料。如溶剂、粘尘涂料、抛光材料、防噪声浆等。

第二章 汽车涂层修补工具及设备

汽车涂装修理常用工具及设备主要包括供气设备、烘干设备、喷枪、打磨设备、抛光设备等。

第一节 喷涂工具及设备

一 喷枪的种类

喷枪是喷涂的主要工具，要做好喷涂工作，保证喷涂质量，首先要能正确选用并维护好喷枪。目前，汽车修理厂使用较普遍的是吸上式和重力式喷枪。

吸上式喷枪涂料杯在喷枪的涂料喷嘴的下面，涂料是靠喷嘴产生的吸力供应的(图2-1)。优点是喷涂时稳定性良好，调换涂料容易。缺点是涂料的黏度变化对涂料的喷出量影响较大，储存涂料罐限定在1200mL内。由于涂料杯容量较大，涂装人员较易疲劳。

重力式喷枪涂料杯在喷枪的涂料喷嘴的上面，涂料是靠其自己的重力以及在喷嘴处产生的吸力供应到喷嘴(图2-2)。优点是涂料的黏度变化极少影响喷出量的变化，杯的位置可以自由操作，作业容易。缺点是喷涂时稳定性不良，一般储存涂料罐限定在600mL内，如大面积涂装时装料次数增加。

二 喷枪的构造

了解喷枪的构造及每一部件的作用，有助于对喷枪的选择、使用、维护及故障的排除。无论哪种喷枪，其结构和原理基本相同。

喷枪主要由气帽、喷嘴、针塞、扳机、气阀、调节旋钮和手柄等组成，典型的重力式喷枪的结构如图 2-3 所示。

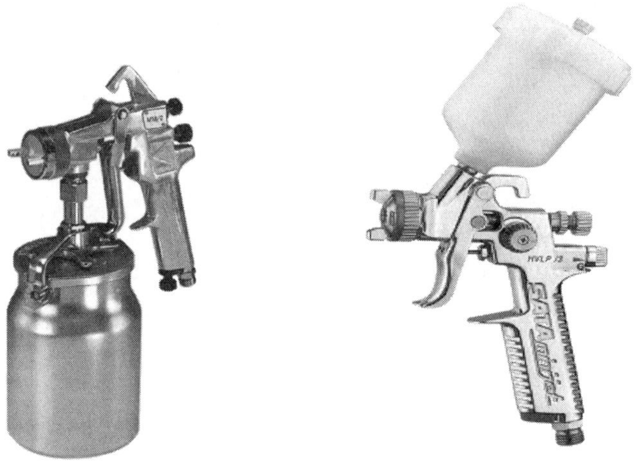

图 2-1　吸上式喷枪　　　　图 2-2　重力式喷枪

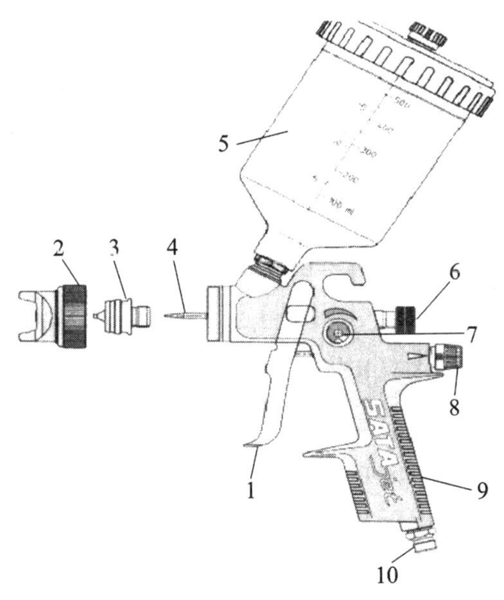

图 2-3　重力式喷枪的结构图

1-扳机;2-气帽;3-喷嘴;4-针塞;5-塑料壶;6-涂料调节旋钮;7-扇形调节旋钮;8-喷涂压力调节旋钮;9-手柄;10-压缩空气接口

三 喷枪的工作原理

喷枪是利用空气压力将液体转化为小液滴的喷涂工具,将液体转化为小液滴即雾化,雾化的过程就是喷枪的工作过程。涂料在喷嘴处和压缩空气接触,在负压的作用下,被雾化然后喷出。工作原理分解如下。

针塞和喷嘴可控制涂料和气流进入枪内,当稍微扣压扳机打开气阀门时,气流进入喷枪内的空气通道,到达气帽的各个出气孔喷出,其中从中心气孔(呈环行)喷出的气流,在涂料喷嘴出口处形成局部真空(负压),此时针塞尚未打开,只喷出高速气流。扣动扳机时,气流进入喷枪并将涂料喷出。当进一步压扣扳机,针塞后移打开涂料出口,此时高速气流才与涂料贯通。由于在涂料喷嘴出口处已形成真空(负压),而涂料罐内被涂料隔开的涂料面,受到大气压力(大气压力由涂料罐上小孔进入),两端形成压力差。由于大气压的作用,涂料被推向已被打开的喷嘴口并喷出。

喷涂的质量同雾化的关系非常密切,而喷嘴和气帽是雾化的关键。

涂料从喷嘴喷出时,立即被从环形气孔喷出的高速气流围在中间,气流的旋转使涂料分散。涂料的液流与气流相遇,液流附随气流方向,并进一步分散成细雾。涂料的雾流受到气帽两侧犄角上气孔喷出的气流夹击,两股气流从相反方向交叉冲击涂料细雾,使其由圆形喷雾流成为扇形喷雾流。

四 喷枪的基本操作方法

1. 手握喷枪手柄

以食指与中指压扣扳机,扳机有二挡,轻按扳机将压缩空气阀门打开,喷出气流,这时由于针塞套筒未打开,气流用于吹去涂装面的灰尘。再向后压扣扳机,针塞后移打开喷嘴,高速气流使漆道内产生负压,而涂料罐内由于大气压的作用,使涂料吸出喷嘴口,随同气流扩散成雾状微粒喷向涂面以形成涂装膜。

2. 控制扇形调节旋钮

通过控制喷雾扇形调节旋钮可以调节喷雾直径的大小。调节喷雾形状时，将扇形调节旋钮顺时针旋紧到最小，可使喷雾的直径变小，形状变圆；将扇形调节旋钮逆时针完全打开，可使喷雾变宽，呈椭圆形。较窄的喷雾可用于局部修理，而较宽的喷雾则用于整车喷涂。

3. 控制涂料调节旋钮

顺时针旋转使针塞减少开启行程，减少涂料喷出量；反之，逆时针旋转，增加涂料喷出量。

4. 调节喷涂压力

空气压力一般可通过装在支供气管路中的分离/调压器来调节，但由于压缩空气从调压器经过输气软管到达喷枪受到摩擦力作用，因此管路中存在压降。测量气压最可靠的方法是将一块气压表插在喷枪和输气管的接头之间。

5. 气帽的旋转

要获得不同角度的喷截面，则可以旋转气流喷嘴。

注意：喷枪涂料罐盖板上的回气孔要保持畅通。

五 喷涂技术要领

要获得平整光滑、厚薄均匀、光照如镜的涂面，除了具备良好的涂料质量和底层基础、合适规格的喷枪外，喷涂人员还要掌握正确的喷涂技术要领。在喷涂中，操作人员要注意掌握喷涂气压、喷涂距离、喷枪移动速度、喷涂角度、喷幅重叠、喷涂路线等基本技术要领。

1. 喷涂气压

喷涂前对喷雾的测试非常重要，一般来说，气压低，涂料雾化不足，飞漆颗粒粗，易造成涂膜在物面上产生流痕；气压高，涂料雾化充分，飞漆颗粒细，涂面不够湿润，易造成涂膜光泽不足或粗粒（快干型涂料较明显）。因此，气压要调节在适当范围，确保均匀细雾化，一般喷涂气压为

0.35~0.5MPa,喷涂前应先测试喷出的飞漆颗粒,调节喷涂气压至均匀细雾化。测试喷涂雾流是否均匀,可将喷雾流调节到水平状,喷涂于测试面直至流下,检查流痕的长度可判定喷雾流是否均匀,如图2-4所示。

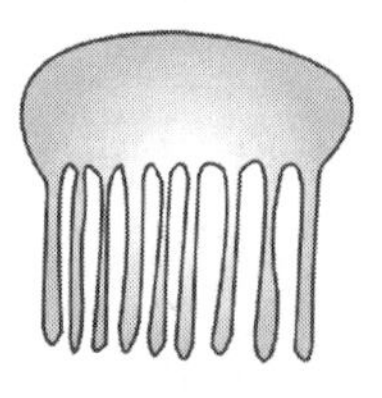

a) 合适的喷涂

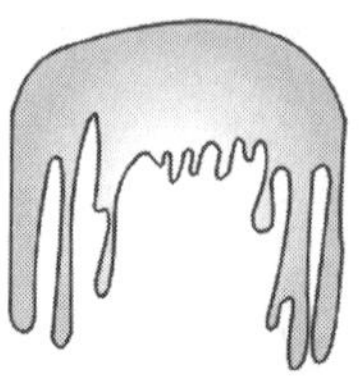

b) 分离的喷涂

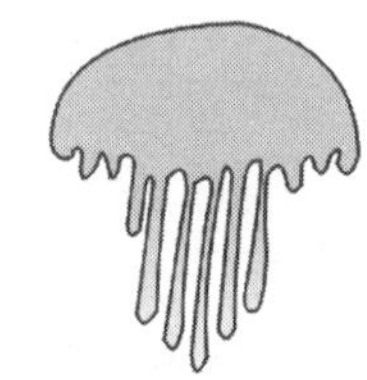

c) 中间过重的喷涂

图2-4　喷雾流痕图形

喷雾流的判断及解决办法如下:

(1)流痕长度基本一致,说明喷雾流是均匀的。

(2)流痕两边长中间短,一为扇形喷幅开启太大,调节扇形调节旋钮;二为气压太高,降低气压。反复调节这两项,直至喷雾流均匀。

(3)流痕中间长两边短,说明涂料流量大、气压低,应调节涂料调节旋钮,减少涂料流量及适当提高气压。反复调节,直至喷雾流均匀。

2. 喷涂距离

应根据所使用的涂料干燥速度来决定,一般喷涂距离应保持在20~25cm。喷涂距离过远会造成涂膜面粗糙、橘皮、光泽不足,浪费涂料;喷涂距离过近会造成强气流使涂面产生波纹,以及扇形喷幅变窄,单位面积的涂料量增加,易形成流痕。

3. 喷枪移动速度

由于涂料的性能各不相同,干燥速度的差异,喷枪移动速度也各不相同,但都要保持移动速度均匀、稳定,否则会导致涂层厚薄不均匀。喷枪移动速度过慢会造成涂膜流痕;过快会使涂膜粗糙无光、橘皮以及涂层过薄。干燥速度较快的涂料(如溶剂挥发型涂料的硝基漆、过氯乙烯漆、热塑性丙烯酸漆)的喷枪移动速度以30~50cm/s为宜,干燥速度较慢的涂料(如烘漆、双组分涂料)的喷枪移动速度以40 ~60cm/s为宜。

4.喷涂路线

目前采用横行重叠喷涂法比较普遍。喷涂时应先喷高处(如车顶),后喷低处。先喷涂边角难涂的部位,再喷涂其他部位。喷涂垂直面时,应由左到右、由上到下横行喷涂。无序喷涂会造成不必要的涂膜接口。

5.重叠幅度(喷截面)

每一层喷涂幅度与上一层喷涂幅度必须重叠1/2 ~3/4,喷涂一遍即等于喷涂2 ~4次,既提高了工作效率,又保证了喷涂质量,此方法较适宜大型物面的喷涂。

6.喷涂角度

无论被涂面是平面、垂直面、斜面、侧面,喷涂的喷雾流应始终与被涂面保持垂直。若喷涂角度不正确或喷枪移动呈曲线状,均会导致喷幅与被涂面的角度变化,同时也会使喷枪距物面的距离不等,而产生涂膜不均匀。

六 高压无气喷涂

高压无气喷涂是20世纪中叶出现的一种喷涂技术,由于它能使涂料喷出压力高,雾化效果好,漆雾飞散少,喷涂效率高,很快被推广应用。

为了适应各种涂装的需要,人们开发了各种形式的高压喷涂新工艺,例如静电无气喷涂、加热型无气喷涂。在喷涂高黏度和高固体分涂料时,改善了雾化效果,不仅可获得较厚的涂膜,也提高了涂膜的装饰效果。

1.高压无气喷涂设备的选用

高压无气喷涂设备按驱动方式、压力比、涂料的喷出量来区分,有几大系列、多种型号,应根据所选用的涂料特性、被涂物的形状大小和生产批量规模等进行选用。

2. 高压无气喷涂的工艺

高压无气喷涂的工艺条件，最关键的还是合理地选择涂料喷嘴口径、喷涂压力等。通常喷涂涂层薄、黏度低的涂料，应选择口径小的喷嘴；喷涂涂层厚、黏度高的涂料，应选择口径大的喷嘴；被涂物形状小、幅面窄的，应选择喷嘴喷雾图形幅宽小的喷嘴；被涂物形状大、幅面宽的，应选择喷雾图形幅宽大的喷嘴。

七 黏度计

涂料的稀稠用涂料黏度的高低(大小)表示。汽车修补涂料一般适宜用涂—4 杯(涂—4 黏度计)来测量。

涂—4 黏度计用于测定黏度为 10 ~150Pa·s 的各种涂料产品，涂—4 黏度计的黏度测定值等于美国福特 4 号杯的黏度测定值。

涂—4 黏度计的操作步骤如下。

(1)将黏度计装置于带有两个调节水平螺钉的支架上。

(2)每次测定前过滤涂料样品。将涂料试样搅拌均匀，温度至(25 ±1)℃，然后静置 2min 以上，使试样中的空气逸出。实验前必须将黏度计用溶剂仔细擦拭干净，然后置于空气中干燥。

(3)将黏度计放置在高水平位置。在黏度计漏嘴下面放置容量为 150mL 的容器。用手指堵住漏嘴孔，将涂料试样倒满黏度计。松开手指，使试样漏出，并同时开动秒表，当试样漏出中断时，停止秒表。试样从黏度计流出的全部时间(s)即为试样的黏度。

(4)用同样方法再测试一次，两次测定值之差不应大于平均值的 3%，即为测试结果。

八 抛光机

抛光机的分类方法很多，根据不同的使用要求和环境可选用不同的抛光机，下面介绍几种抛光机的分类方式。

(1)按动力分类，有电动和气动两种。抛光机一般有磨砂和抛光双

效功能，安装砂轮可以打磨金属材料，换上研磨盘和抛光垫又能进行漆面抛光，转速一般可调整。

（2）按抛光盘的材料，抛光机可分为三种。

①纯羊毛抛光机。纯羊毛为传统的抛光材料，一般用于普通漆面的抛光。由于其研磨力强，用于清漆层抛光时要谨慎操作。

②人造纤维抛光机。人造纤维较羊毛柔软，一般用于普通漆面和清漆层的抛光。

③海绵抛光机。海绵一般用于普通漆面和清漆层的抛光。

第二节　刮涂工具和打磨设备

一　腻子刮板

刮板是刮涂腻子的主要手工工具，刮涂工具按其材料组成的不同，可分为塑料刮板、橡胶刮板；按其软硬程度可分为硬刮板和软刮板。此外，还有与刮板相配套的调配腻子的托板。

1. 硬刮板

硬刮板适用于刮涂大的凹坑、大的平面缺陷部位，由于其刮口有一定的硬度，易刮涂平整，工效高，省材料，适用于要求平整的施工工序。

（1）塑料刮板。塑料刮板材料来源广、价格低，常用的有硬聚氯乙烯及环氧树脂板，也可根据需要选择稍软一点的材料制成半硬刮板。塑料刮板耐磨性较差，温度对其柔软性影响较大，目前使用较广泛。

（2）金属刮板。金属刮板有钢片刮板和轻质合金刮板及其他金属材料制成的刮板。金属刮板具有一定的弹性，钢片刮板的厚度为0.3～0.4mm，大的刮板的刮口宽度一般以12～15cm为宜，小的刮板的刮口宽度根据施工要求灵活掌握。金属刮板是目前使用最多的一种刮板。

2. 软刮板

软刮板主要用于刮涂圆弧形、圆柱形和曲面形状的部位。

(1)橡胶刮板。橡胶刮板是用耐油橡胶板制成,刮口面磨成斜口,俗称橡皮刮板。橡胶刮板一般自行制作,大的橡胶刮板厚度为6~8mm,刮口宽度以100mm为宜,小的橡胶刮板厚度为3~4mm,刮口宽度根据施工需要掌握。

(2)塑料刮板。塑料刮板一般用软性塑料制成,刮口面磨成斜口,形状大小根据需要制作,其基本要求与橡胶刮板相似。

二 刮板使用注意事项

(1)刮板的刮口要平直,不能有齿形、缺口、弧形、弓形。

(2)刮板使用完毕后,要立即用溶剂清洗干净,以免腻子聚积于刮板上,固化后不易清洗,影响下次使用效果。

(3)对于平面缺陷或凹坑较大部位应使用硬刮板。

三 研磨设备和工具

在汽车修补涂装工艺中研磨工艺的主要作用有三种:

(1)清除工件表面已老化或过厚的旧漆膜,确保涂装质量;

(2)对腻子部分进行研磨,达到整形修饰的效果;

(3)对平滑的表面进行恰当打粗处理,以增加涂层间的附着力。

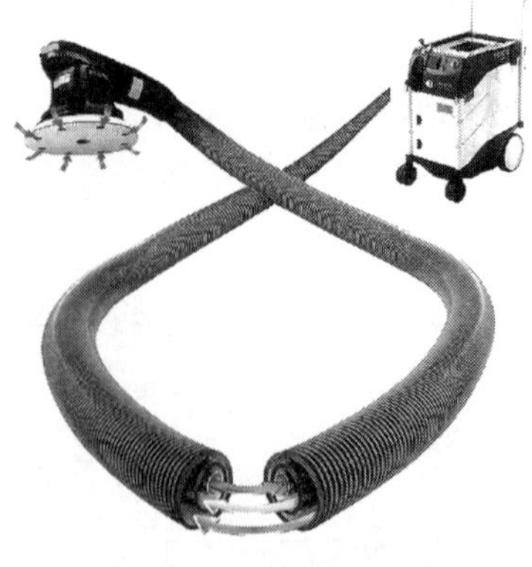

图2-5　无尘干磨系统

1. 无尘干磨系统

无尘干磨系统由打磨工具、供气与吸尘管道、吸尘设备、磨垫砂纸和辅助系统几部分组成,如图2-5所示。

按驱动方式,打磨工具可分为气动与电动两种。气动工具因其寿命长、使用轻便、维修简单、安全性好而被广泛采用。

根据打磨工具的运动方式分为：单向旋转式研磨机、轨道式单振动研磨机和双轨道式偏心振动研磨机。

单向旋转式研磨机主要用于除锈、去旧漆等粗磨工作。

双轨道式偏心振动研磨机主要用于粗、中腻子平面打磨。

除了打磨机的运动方式以及砂纸颗粒的粗细之外，振动幅度的大小是影响打磨速度与光洁度的另一个关键因素。传统打磨机的偏心为5mm，它的主要问题是在细磨中涂底漆时不能保证无划痕，而在粗磨腻子时速度又不够快，粗磨研磨机振动幅度为7mm，磨腻子速度更快，细研磨机为3mm，保证在精细磨时无任何划痕。

2. 吸尘系统

常见的吸尘方式有三种，分别为中央式多工位吸尘、分离式单工位吸尘和简易袋式吸尘。

中央式多工位吸尘，使用大型吸尘主机，是利用吸尘管路来进行对多工位研磨残留物的吸尘方式，吸尘效果好，设备使用寿命长，维护方便。适合大型维修站和工作量较大的维修使用。

分离式单工位吸尘是使用移动式吸尘器对单工位研磨残留物的吸尘方式，吸尘效果好，使用方便。适合小型维修站使用。

简易袋式吸尘属于被动式吸尘。吸尘所需要的真空由转轴上附加的叶片轮的旋转产生，其吸尘功率受打磨机转速的影响。其次，吸尘袋过密会降低吸尘效果。

3. 供气、回气与吸尘管

电动工具的连接比较简单，除了电源线之外，只需要一个吸尘管。而气动工具一般需要有三个管道与接头，压缩气的输入、输出以及吸尘管。而综合套管，是集压缩气的输入、输出与吸尘三种功能于一管，套管采用快速连接方式，并具有360°的扭曲补偿。

4. 磨垫

磨垫采用五孔、六孔或九孔吸尘系统。九孔系统采用喷射流技术，通过对流原理避免了传统六孔吸尘中央部分易封死的问题，吸尘效果更佳，砂纸的使用寿命延长近30%。

研磨不同材料时，应用不同的磨垫，研磨腻子时应采用硬磨垫，研磨中途底漆应采用软磨垫，研磨弧度较大形状复杂时，应采用超软磨垫，长时间工作时应采用耐高温磨垫。

四 打磨材料

砂纸是汽车维修中经常使用的打磨材料，用于除锈，砂磨旧涂层、腻子及漆面。砂纸是用各种不同细密的磨料黏结于纸上制成的。磨料黏结牢固程度是砂纸质量的一个重要标志。操作人员选择合适的砂纸规格并正确使用才能产生最佳效果。

1. 磨料的种类

制造砂纸的磨料根据原料可分为氧化铝、金刚砂(碳化硅)和锆铝三种。根据磨料在底板上的疏密分布情况可分为密砂纸和疏砂纸两种，密砂纸上的磨料几乎完全占满磨料面，用于湿磨；疏砂纸的磨料只占磨料面积的50% ~70%。

(1)氧化铝磨料。氧化铝磨料是一种非常坚韧的磨料，能很好地防止破裂和钝化。氧化铝磨料硬度高、耐久性好、使用寿命长且不易在底层材料上产生较深的划痕，目前使用较广泛。

(2)碳化硅。碳化硅是一种非常锐利、穿透力极高的磨料，呈黑色，通常用于汽车旧漆面的砂磨，以及抛光前对涂面的砂磨。

(3)锆铝磨料。锆铝磨料是已开发的第三种磨料，锆铝具有独特的自磨刃特性，在打磨操作过程中其自身不断地提供新的刀刃以提高工作效率和降低劳动强度。一般磨料在较硬的原厂清漆层上打磨会使涂层产生热量，被打磨的材料也会迅速变软并堆积在砂纸面的磨料上而降低打磨效率，而锆铝的自磨刃特性和工作时产生热量少的特点大大减少了打磨阻力，减少了材料消耗，提高了工作效率和涂层质量。

2. 砂纸的规格

砂纸上磨粒的大小用阿拉伯数字表示。粗细不同的磨粒黏结在特

制的纸板上，构成适应各种施工需要的粗细不同的砂纸。号码越大颗粒越细，号码越小颗粒越粗。

3. 水砂纸

水砂纸是汽车修理厂最常用的砂纸之一，其大小规格为 23cm × 28cm。水砂纸湿磨使用时应先浸水，使砂纸完全浸湿，这样可防止因为手工打磨折叠而引起的脆裂，特别是冬天气温低时，应用温水浸泡，以防止砂纸脆裂。

4. 粘扣式砂纸

目前国内市场上粘扣式砂纸以进口为主，需与电动机或气动研磨机配套使用。根据作用分为干磨砂纸和漆面干研磨砂纸。形状有圆形和方形。圆形直径以 12.7cm 和 15.24cm 使用较多。

(1) 粘扣式干磨砂纸。快速粘扣式干磨托盘，能紧扣研磨机，可重复使用，装卸方便灵活，省时省力。砂纸规格一般为 P80 ~ P500。

(2) 粘扣式漆面干研磨砂纸。粘扣式漆面干研磨砂纸由高性能氧化铝磨料制成。一般汽车修理厂的圆形研磨机应配合 12.7cm 和 15.24cm 软托盘使用，用于清除漆面的粗粒、橘皮等。砂纸磨粒规格一般为 P600 ~ P15000。

5. 三维打磨材料

三维打磨材料是研磨颗粒附着在三维纤维上形成的打磨材料，这类材料有非常好的柔韧性，适合打磨外形复杂或特殊材料的表面，可用于各种条件下的打磨。如菜瓜布就是三维打磨材料中的一种，主要用于塑料喷涂前的研磨、驳口前对涂膜的研磨，以及修补前去除涂膜表面的细小缺陷等。

6. 手工打磨垫

打磨垫是使用砂纸打磨工件操作中必不可少的工具。

手工打磨垫一般由硬橡胶、中等弹性橡胶或海绵制成。

(1) 硬橡胶打磨垫。硬橡胶打磨垫使用时要外垫水砂纸，一般用于湿磨腻子层，把物体高凸的腻子部分打磨掉，使物面达到平整的要求。

(2)中等弹性橡胶垫。中等弹性橡胶垫是一种辅助打磨工具,利用它的柔软性,外包水砂纸打磨棱角和形状多变部位时,可避免划伤凸出部位。海绵垫适用于漆面处理,如抛光漆面前垫细水砂纸磨平粗粒、橘皮等,不易对漆面造成大的伤害。

(3)海绵垫。海绵垫适用于漆面处理,如抛光漆面用细水砂纸磨平颗粒、橘皮等,不易对漆面造成大的伤害。

7. 电动、气动研磨机的打磨垫

用于电动、气动研磨机的打磨垫称为托盘,有以下两种托盘。

①快速粘扣式干磨托盘。托盘由母粘扣带制成,配合干磨砂纸,特殊蘑菇头设计能紧扣砂纸,装卸快速、方便、牢固,打磨时省时省力。

②软托盘。软托盘同样与粘扣式漆面干研磨砂纸配合使用,主要用于中途底漆打磨等后续较细研磨。

五 辊筒

辊筒是一种直径不大的空心圆柱,其表层由羊毛或合成纤维做成的多孔吸附材料构成。辊涂的涂面有一定的局限性,即只能辊涂平面。但因其工作效率高,对操作人员的技术要求低,故广泛应用于平面建筑的涂装,如高架桥、外墙及家庭内墙的涂装。辊筒涂装最适用于水乳胶涂料,但也适用于油性涂料及合成树脂涂料的涂装。

第三节　空气压缩机和空气分配系统

空气压缩机是气动工具的动力来源。它以电动机为动力,将空气压力从普通大气压升到更高的压力,是当代汽车修理厂必不可少的设备。目前使用的空气压缩机根据机械运动的方式基本分为三种,即活塞式、螺杆式和隔膜式。

一 空气压缩机的构造及原理

1. 隔膜式空气压缩机

隔膜式空气压缩机每一个工作循环只能压缩极少量的空气，压力范围在0.2～0.3MPa，但上下运动速度极快，每分钟能超过500个行程。适用于为小型喷枪或设备供气，但不适合汽车修理所需消耗较大气量和较高气压的设备供气，所以汽车修理厂使用较少。

2. 活塞式空气压缩机

活塞式空气压缩机是利用活塞的往复运动来压缩空气，并不断提高压力。压缩空气由进气阀直接进入储气罐，为一级压缩式；空气压缩后由排气阀再进入高气压缸，经二次行程压缩后，由高气压排气阀送入储气罐，为二级压缩式。双级压缩机在0.7～1.4MPa的压力范围内能提供稳定的压缩空气，能很好地满足中等气量要求的单位使用。

活塞式空气压缩机的组件：

(1)曲轴箱。曲轴箱两侧有供拆除和检查用的窗口，两端面装有轴承盖，下部设有放油孔。

(2)曲轴。曲轴用球墨铸铁制成，有单曲拐和双曲拐。

(3)连杆。连杆截面呈“工”字形，小头内有衬套，大头轴瓦分为两体。

(4)活塞。活塞采用铝合金材料较多，一级和二级活塞上装有两道气环和两道刮油环。

(5)缸体、缸盖。缸体与缸盖采用O形圈密封。

(6)进、排气阀。进、排气阀采用环状结构。

(7)中间冷却器。中间冷却器为片状结构。

(8)润滑系统。润滑方法一般为飞溅式，在每个连杆的大头盖上装有油勾，当曲轴连杆运动时，油勾随之划开油面，将油润滑溅至各摩擦部位。

(9)冷却系统。空气压缩机冷却方式有风冷式和水冷式两种。

(10)自动调节系统。空气压缩机上安装有自动调节系统,控制气压、供气时间及切断电源等。它包括调压阀、安全阀、压力开关等。

3. 螺杆式空气压缩机

螺杆式空气压缩机通过两个凹凸不平转子的高速运动产生压力,具有美观、高效、低速、低噪声、节能、自动化高等优点。螺杆式空气压缩机的工作效率和可靠性很高,已在工业领域成为标准配置,在汽车修理行业将有逐步取代活塞式空气压缩机的趋势。适用于耗气量大的修理厂。

螺杆式空气压缩机的结构特点:

(1)计算机控制系统。控制面板有电源指示、运行指示、排气温度、排气压力、计时器开机关机,以及电器故障、空气滤清器阻塞、油气分离器阻塞等故障会自动显示,全自动安全保护。

(2)新型的滤清材料。双层浪型尼龙进气过滤网,高温不易变形。

(3)二重温度设置保障安全。温度感应开关,特设最终温度防线,强制高温跳闸,并设有电器指示灯,以方便检查检修。

(4)有效的消声装置。内衬为防火级消声材料及消声箱设计;低转速高角度排热风扇;使风扇噪声再经二次消声。

(5)汇流式铝合金冷却器。

(6)油气分离器。四合一油气分离系统,多重油槽预处理,并可检视油气分离器内分离状况,出气含油量小于$3mg/m^3$。

二 空气压缩机的维护

空气压缩机的维护非常重要,关系到其使用寿命、供气质量以及修理厂的工作效率,因此每一位使用空气压缩机的人员都应该重视维护。一般对压缩机要进行日维护、周维护和月维护,使压缩机时刻处于最佳状态。

1. 日维护

(1)放掉储气罐、油水分离器、气压调节器中的冷却水。

(2)检查曲轴箱的润滑油面的高度,确认是否在油尺标线之间。

(3)清洗或吹干净空气压缩机上的灰尘。

2. 周维护

(1)拉开安全阀检查性能是否良好,若不能正常工作应立即检修或更换。

(2)清洗空气滤清器,用防爆溶剂清洗毛毡、海绵等过滤材料,晾干后重新装好。

(3)清洗或吹干净气缸、气缸头、内冷器、电动机及其他易积尘或脏物部位。

3. 月维护

(1)添加或更换曲轴内的机油,一般空气压缩机每工作 500h 或 2 个月更换一次,必要时可缩短更换时间。

(2)调节压力开关的开机与关机设定点。

(3)检查空气压力表是否正常。

(4)检查 V 带松紧状况,并予以调整。

(5)查看电动机转轴有无松动现象,并予以调整。

(6)查看空气压缩机的飞轮有无松动现象,并予以调整。

(7)检查所有阀芯或气缸盖,不能有松动现象。

(8)检查空气压缩机附件、油箱及供气管是否有漏油、漏气现象。

(9)关闭储气罐排气阀,检查泵气时间是否正常。

(10)开机检查在运转中有无异常噪声。

(11)检查空气压缩机在全负荷运转中的温度和压力输出是否正常。

(12)检查所有电器及开关是否正常。

(13)对水冷式空气压缩机检查水源畅通状况。

二　空气分配系统

1. 空气压缩机的安装应遵循的原则

(1)空气压缩机尽可能安装在通风、清洁、干燥的地方。最好放在室内,以利用清洁的空气。

(2)空气压缩机进口处避免靠近有蒸汽排放或潮湿的场所;墙和其他障碍物应距离空气压缩机 30cm 以上,以有利于空气流动及有助于散热冷却。

(3)空气压缩机应水平放置,压缩机脚下要垫放减振垫片防止振动而损伤机械。飞轮一边应靠墙,防止伤及人身。

(4)空气压缩机尽可能放置在用气工作点附近,减少压力损失。

2. 供气管路的设置

管路的设置非常重要,在设置时应考虑如何最大化地发挥设备的作用,以取得良好的效果。在设置时应注意以下几点:

(1)主供气管道应逐步向末端倾斜,倾斜度为 1/100,以利于管道内的水排放干净。

(2)支供气管道应从主供气管道上方分出,可防止水进入供气管道。

(3)油水分离器应安装在主供气管道与空气压缩机相距 8 ~10m 的位置,提高油水分离效果。

(4)主供气管道最低处应安装自动排水阀,支供气管道末端要有排气阀。

(5)供喷枪使用的支供气管管道应安装气压调节器。

3. 空气控制装置

空气压缩机排出的气体中含有水、油及其他微粒,在喷涂时涂膜会产生质量问题,而压缩空气的气压不稳定同样也会给喷涂工作造成麻烦。在供气系统中增设专用装置,能避免这些问题产生,提高涂膜质量。

(1)空气过滤器(油水分离器)。空气中含有水分,经压缩机压缩后的气体中会带有水分和油气,若直接用于喷涂作业,这些水分和油气会随着飞漆一起喷涂到工件表面上,使涂膜表面产生水泡和麻点,影响喷涂质量。为了保证压缩空气无尘、干燥,必须在空气压缩机的输送管道上安装油水分离器,起过滤空气作用。

油水分离器的类型一般有两种:圆柱形气筒油水分离器和叶片旋风

式油水分离器。

圆柱形气筒油水分离器是一种有气密性顶盖的圆柱形气筒，气筒内放着几层薄薄的毛毡，在毛毡之间装满焦炭，或金属网、海绵等空气滤清器，当压缩空气通过时能去除细微的灰尘。水、气、油在筒内膨胀所导致的降温使水分、油气成为水滴、油滴。筒的底部有一个排放开关，水滴、油滴由此排出。此种油水分离器一般与排量较大的空气压缩机配合使用。

叶片旋风式油水分离器利用叶片旋转产生离心力，将油水从压缩空气中分离出去，从而确保纯净而干燥的空气输送到喷枪。

在使用时应注意维护，每日打开放水阀 1 ~2 次，将积存于杯中的油、水放掉，过滤杯和存水杯要定期清洗。圆筒式滤清器要定期更换滤芯或清洗金属网。

(2)压缩空气净化系统。由于经压缩机压缩的空气，通过排气阀的温度高达 100 ~150℃，气体降温后，混合在压缩空气中的油和水变成水滴和油滴就比较容易滤去。

空气干燥器有多种类型，最常见的有化学式、除湿剂式(使用干燥器)和冷冻式。通过净化系统的一系列流程，能消除压缩空气中的 0.1μm 级的颗粒，水滴净化率可达 100%，油污净化率可达 99.99%。

第四节　干燥设备

按加热和传热方式可把干燥设备分为：借热空气对流加热的对流式干燥设备；借热辐射加热的热辐射式干燥设备，即红外线干燥设备；借电磁感应加热的感应式干燥设备。在汽车修补领域，对流干燥和红外线辐射干燥设备使用比较普遍，在本节中将做简单介绍。

一　对流式干燥设备

对流式干燥设备是利用热量以对流方式传递的原理制造的。对流是加热后的流体的简单运动过程。对流式干燥也称热空气干燥,应用对流传热的原理,以空气为载热体,传递给涂层,进行干燥。一般来说温度越高,涂层的化学反应越快,涂料干燥也越快。

对流烘干有以下一些特点:加热均匀,从而保证了涂层干燥的一致性;烘干温度范围较大,基本上能满足一般类型涂料烘干温度的要求;设备使用管理和维护较为方便,运行费用较低。但是,对流烘干也有一定的局限性,如升温时间长、效率低;设备庞大,占地面积大;涂料表面成膜快,阻碍内部溶剂的挥发,易产生针孔、起泡、皱纹等涂膜病态。

二 辐射式干燥设备

辐射是热传递的一种方式,这种加热方式是将热量转变为各种波长电磁振动的辐射能,其过程称为热辐射。利用热辐射干燥物体的方法,称为辐射式干燥,以红外线为辐射热源的干燥设备,称为红外线干燥设备。

辐射式干燥的特点是辐射热不需任何中间介质(空气、液体),而靠电磁波传播热量。由辐射器发出的红外线(辐射能)直接辐射到物体表面被吸收后转变为热量。它不受周围介质的影响,因而有很高的热传递效果。

到达被加热物体上的红外线辐射能量与红外线传播的距离有着密切的关系。红外辐射源至被加热物体之间的距离每增加一倍,达到物体的红外辐射能量便减少到原来的 1/4。所以应用红外加热时,辐射源与被加热物体之间的距离应小一些。

红外线辐射使涂料吸收能量产生热量,溶剂由内向外挥发,热能损耗小。涂层干燥内外一致、透彻,有利于提高涂层质量。远红外线比近红外线更适合用于涂料的干燥。远红外线辐射干燥速度快,时间是热空气对流干燥的 1/10,近红外线辐射干燥的 1/2。红外线辐射无气流的流动,减少尘埃沾上涂面的可能性。设备投资费用低,高效、节能、无污染。但对形状复杂的物件,辐射距离会产生远近不同,导致同一物体不同部位干燥快慢有差异。

1. 红外线干燥特点

(1)干燥速度快并由于自内层向外干燥，油漆溶剂易挥发，因而可大大缩短干燥时间。

(2)干燥质量好，涂层干燥均匀，可避免或大大减少由于溶剂蒸发而产生的针孔、气泡现象。

(3)升温迅速大大缩短了烘干的时间。

(4)红外线干燥设备结构简单，效率高，节约设备投资和占地面积。

(5)红外线辐射具有方向性，可用于局部加热。

(6)红外线以直线运行，因此要尽量使工件表面受到红外线的直接照射，才能取得良好效果。

2. 红外线辐射干燥的速度取决于以下因素

(1)辐射源与受热面的距离应根据涂层厚度和环境等状况，并参照厂家设备说明书选择最合适的有效距离。

(2)受照射面的反射率和吸收率物质的颜色不同，对红外线的吸收率不同。深色的比浅色的干燥快。用对红外线吸收率最低的抛光铝板，做成干燥室的反光装置，可更有效地利用辐射热的效能。

(3)涂装工件的质量。工件越重，干燥时热量消耗多，干燥越慢。

红外线干燥的温度，在不影响涂膜性能的情况下，尽可能提高一些。这样可以缩短干燥时间。

3. 远红外线加热干燥

所谓远红外，就是指在红外线波长的范围内波长较长的一段红外线，一般为5.6～1000μm。由于远红外辐射的波长与涂膜物质的分子振动频率相一致，引起涂膜分子产生激烈的共振现象，因而远红外干燥比一般红外线干燥能取得更好的效果。

远红外干燥的优点：

①节约电力30%～50%；

②产量提高2倍以上；

③缩短干燥时间50%左右;

④质量大大提高;

⑤容易控制烘干温度;

⑥投资少,安装快;

⑦寿命长,维护方便,操作简单,安全,能改善劳动条件等。

二 汽车喷涂烤漆房

烤漆房集喷漆与烤漆为一体,其优点是节约场地,使用方便,同时可对底漆、面漆进行强制干燥,加快了工作节奏,提高了工作效率和涂层质量。

烤漆房的种类繁多,根据能源来分有燃油型和电热型;根据干燥方式有热空气对流干燥,远红外线辐射干燥等。目前国内燃油式热空气对流干燥的低温烤漆房在汽车修理行业中使用较普遍,该类烤漆房采用高性能钢组件式房体,接缝式无机过滤棉,配合进风过滤系统及正风压,可保证施工环境的洁净。房体采用夹心式隔热棉提供极佳的保温效果。烤漆房内的照明设备采用无影灯式日光照明灯管,其发出的光谱与太阳光线相似,为涂装工对颜色的辨别提供了良好的光源。应用计算机技术全自动操作控制,能自动控制风压、温度、时间。在结构上采用了过压原理,室内风压高于室外4～12Pa,使灰尘不能进入室内,再加上进入室内的空气经多次过滤,因而空气净化度较高。在烘烤过程中空气循环加热,每次大约补充10%的新鲜空气,这样热量利用充分,节约能源。废气经过过滤后排放于室外,排放浓度符合环保标准要求。适合于各种轿车和厢式客车在生产和维修涂层的喷涂和烘烤。

1. 烤漆房的特点

(1)空气流动好,新鲜空气不断进入,废气及时排出室外。根据喷涂状态和烘烤状态的需要调节排气管和进气管,在喷涂状态时排出废气,烘烤时则不断循环空气并将热空气反复使用以保持温度,节约能源。

(2)室内温度可调节,烘干时最高80℃。室内温度均匀,每一点的

温度变化范围为 ±2℃。升温迅速，一般室温从20℃升高至60℃不超过20min。

(3)空气循环量可达 12000m^3/h，喷涂室正压送风时，其送风气压一般保持室内高于室外4～12Pa，可通过调风门调节。

目前使用的烤漆房一般采用气流下行式，即空气从天花板进入，经三级(粗、中、细)过滤后干净、干燥。适温的空气，经过车顶向下从车身两侧的排气地沟排出，减少涂膜缺陷和喷涂操作人员可能吸入的飞漆和溶剂蒸气，有利于涂装工的身体健康。

由于喷涂烤漆房喷与烤在同一室体进行，喷涂时与烘烤时空气流速是有差别的，一般喷涂时空气流速最好控制在0.3～0.6m/s。对涂膜进行加温烘烤时空气流速应在0.05m/s左右。

在对汽车涂膜加温烘烤时，烘烤温度要适当控制，汽车修补涂装温度调节一般以被烘烤物体温度为70℃为宜，若温度达到85℃以上会造成仪表、塑料件变形等，若90℃以上则可能引起燃油起火、爆炸等。

2. 烤漆房的日常维护

(1)烤漆房内不能进行任何腻子打磨及其他打磨工作，也不要进行抛光作业。

(2)必须经常检查过滤系统，按照规定时限更换各级过滤网或过滤棉，定期检查排风系统、加热系统、电器系统、控制系统以确保安全、正常运行。照明设备损坏应及时修复。

(3)喷涂工作结束后烤房内的喷涂工具、喷涂材料清理出烤房后，才能加温烘烤。

(4)烤漆房内工作结束，车辆驶离后应清除一切杂物，如遮盖纸、残留废弃物，并擦净地板、墙壁及烤漆房内的其他设备。压缩空气输送软管要盘好。

(5)除每天的日常清扫外，定期对烤漆房进行彻底维护。

3. 湿式空气过滤系统

湿式空气过滤系统能滤清喷涂时产生的飞雾，并不受涂料黏度和干燥速度的影响，工作过滤容量大，能减少更换过滤网、棉的费用，并符合环保要求，广泛应用于气流下行式喷漆房。在湿式空气过滤中主要有喷淋式、水旋式、水帘式、无泵式等，其中水帘式处理效果最好，喷漆房在废气经过水帘式清洗，与空气混合在一起的飞漆被水从空气中冲洗掉而净化，同时倒流板按与空气相反方向转动，利用离心力的作用收集小液滴，使空气干净、干燥。

4. 干式空气过滤系统

干式空气过滤系统主要使用纸、棉、玻璃纤维、聚酯纤维等，对空气进行过滤，其工作原理类似于滤网，当空气通过这些过滤材料时，将其中的飞漆、尘埃及其他污物分离掉，有些过滤材料能粘住小纤维或捕获飞漆，如玻璃棉过滤材料且有捕获飞漆的特征。目前汽车修理行业广泛使用的喷涂烤漆房，以使用干式空气过滤系统为多，通过粗滤、中滤、细滤三级过滤的有效措施，去除飞漆率达到 99.8%，并能全部滤去人眼在涂膜表面所能见到的最小尘埃(10μm 粒径)，有效防止在涂膜表面产生粗粒的缺陷。使用时要经常检查过滤材料的过滤状况。虽然购置安装时费用比湿式过滤系统低，但更换过滤材料需一定的费用。

第三章 调色理论与实践

随着汽车行业的快速发展和市场竞争的日趋激烈，用户对汽车产品的外观质量也越来越挑剔。为了能达到外观无痕迹修补，涂料的调配至关重要，已经成为涂装人员的基本技能。

第一节 调色的基础知识

一 颜色

1. 颜色的定义

颜色是光线和感观器官作用后所引起的生理感觉，是物体对光线有选择性地吸收、反射、透射。

感知颜色有以下三个要素：

(1)光(来自于光源)。

(2)视觉器官(眼睛和大脑)。

(3)物体(被观察物表面的反射性)。

2. 颜色的三个特性

色调、明度和彩度是颜色的三个重要特性。

(1)色调。色调又称色相，是区分不同色彩的视觉属性。它取决于光源的光谱组成以及物体表面对各种波长可见光的反射比例，是表示物体的颜色在"质"的方面的特性。

(2)明度。明度是人眼对物体明亮程度的感觉，是人眼对物体反射光强度的感觉，是表示物体的颜色在"量"的方面的特性。

(3)彩度。彩度又称饱和度，是表示颜色是否饱和纯洁的一种特性。物体反射出的光线的单色性越强,物体颜色的彩度值越高。

二 可见光

光是一种电磁辐射。一般情况下,只有波长为 400 ~700nm 的电磁辐射才能引起人的视觉,称为可见光。其波长范围为:红,630 ~700nm;橙,600 ~630mm;黄,570 ~600nm;绿,500 ~570nm;青,450 ~500nm;蓝,430 ~450nm;紫,400 ~430nm。同样,不同色调也有不同亮度,如在太阳光谱中,紫色亮度最低,红色和绿色亮度中等,黄色亮度最高,人们感到黄色最亮就是这个原因。实际情况比以上所列要复杂得多,因为人的眼睛可以在两个相邻颜色的过渡区域中看到中间色。一般说,波长变动 1 ~2nm 时,人眼就能觉察出颜色变化。如果一个物体表面把照射在它上面的白光中的所有组分全部反射出来时,则物体呈白色。而白光中的所有组分都以同样的程度被物体所吸收时,物体则呈灰色,被吸收的光量越大,灰色越深,全部吸收时物体便呈黑色。白—浅灰—中灰—深灰—黑的一系列颜色便构成了颜色的非彩色一类。

不同的物体表面呈现出不同的颜色,这是因为对不同的光波的反射率不同。

三 颜色定位系统

颜色定位系统就是所有的颜色都可以在这个系统中占据一个位置,而系统中的一个位置代表唯一的一个颜色。

1. 孟塞尔颜色定位系统(图 3-1)

孟塞尔颜色定位系统是目前世界上应用最广的颜色定位系统,孟塞尔颜色系统中色度、亮度、色调的表示如下。

色度的表示。颜色离中心越远、越纯净,色度越高;颜色靠中心越近、越灰,色度越低,渐渐变成没有色彩的白色、黑色或者灰色。

亮度的表示。色环中央的轴表示亮度,越往上越亮,往下就暗。当一个点在轴上从上往下运动,颜色是从白色变灰,最终变成黑色。

色调的表示。色调分成5个主色调:红(赤)、黄、绿、蓝(青)和紫。在相邻的两个颜色之间又定义了5个次色调:红—黄(橙)、黄—绿、绿—蓝、蓝—紫、红—紫。

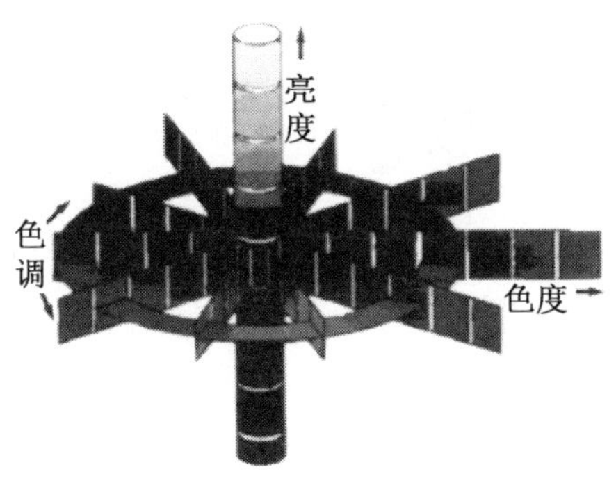

图3-1 孟塞尔颜色定位系统

2. 颜色标绘

在汽车修补调色中,人们以孟塞尔颜色系统为理论基础制作出颜色标绘图(图3-2)。

为了清楚地表达颜色的三个属性,颜色标绘图中用了三个平面坐标。

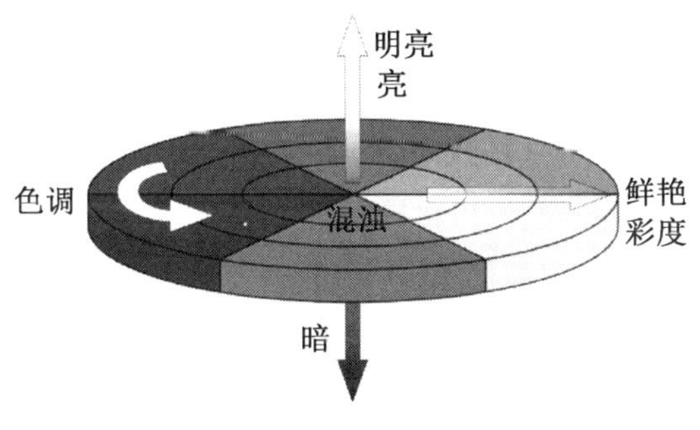

图3-2 颜色标绘图

第二节 调色材料、工具和设备

调色材料就是汽车修补涂料中的色母,工具和设备则包括调色架、电子秤、色卡资料、颜色登记册、配方光盘或计算机、喷涂样板设备等,条件好的调色间还会配备比色灯箱,改善阴天或晚间调色的条件。

一 调色材料(色母)

色母,顾名思义就是各种颜色之母,用其可以调配出各种需要的颜色。

目前汽车修补涂料主要采取两种方法设计色母系统:一种是把色母分为两个系列,一个系列是单工序面漆的色母,另一个系列是双工序和三工序面漆的色母;另一种是只使用一套色母,调色后在色母中加入树脂,由加入的树脂类型决定面漆的性质。

二 调色工具、设备

1. 调色架

调色架又称色母搅拌架、调色机、调漆机。罐装涂料打开后盖上专用的带搅拌桨的盖子放在调色架上,可以均匀地搅拌调色架上的所有色母。

适当维护调漆设备对于正确调漆是至关重要的,应按以下建议维护调漆设备:

(1)调色架应放在平整、坚实的水平地面上,用螺栓固定,并经常对机械部件滴加润滑油。

(2)色母上调色架之前,先用振动机摇动 5 ~10min,将其摇匀,或者打开涂料罐,用调漆尺把涂料完全搅拌均匀后盖上盖。

(3)搅拌桨盖应保持清洁无尘,及时去除桨盖出漆口处的涂料,否则桨盖的出漆口或通气孔关闭不严,溶剂蒸气放出,成为安全隐患。

(4)放置调色架的房间要通风,避免阳光直射,温度要适中,一般为 10 ~30℃,最好能保持在 20℃左右。

(5)上午和下午各开动调色架一次,每次搅拌 15 ~20min。

(6)色母上架后保持期一般不超过一年,时间太长质量下降,还会影响调色精确度。

2. 电子秤

电子秤作为称量色母的工具，是精密设备。它应该放置在调色架的附近以方便称量，同时避免在工作中受振动而影响精度。

在称量色母过程中，涂料罐要轻拿轻放，避免强风吹过，引起读数不稳定。不要在电子秤上搅拌色母，以免损坏电子秤，或降低其精度。

3. 色卡资料

(1)色母指南。色母指南是由汽车修补涂料供应商提供的，是表现色母特性的色卡。

还有一种比较重要的色母指南——色轮图。色轮和前面讲的色环一样，分为红、橙、黄、绿、蓝、紫等色。除了银粉漆、珍珠漆和白色漆外，其他色母都会在色轮上占据一个位置。从各个色母在色轮上的位置就可以看到，越靠近色轮的中心，色母颜色就越不鲜艳、越灰黑，反之就越鲜艳、越亮。

(2)色卡。所有知名品牌的涂料供应商除了定期为其客户提供国际市场上最新推出的汽车颜色的配方外，还会给客户提供这些汽车颜色的色卡。

色卡是很重要的调色工具，一套完整、齐全的色卡会起到事半功倍的效果。

(3)颜色配方系统。目前，储存颜色配方多为光盘，利用计算机程序阅读，更迅速、方便。某些涂料厂家还能利用配送给客户的计算机软件完成一些功能以达到“服务增值”的效果，如帮助客户管理涂料的销售及库存、顾客资料或计算配色成本等。

(4)颜色登记册。颜色登记册是由涂料厂家发布的，上面收集有各个汽车生产商所推出颜色的资料，例如，颜色的名称、颜色代码、出厂年份、停用年份、使用车型等。

除此以外，还有其他信息，例如，车身颜色代码在车身上的位置，颜色代码的字母含义等。

(5)配色灯箱。在阴天、晚上或光线不足的车间内调配颜色时,需要使用灯箱。灯箱的主要目的是提供一个接近日光的光源。

同色异谱。当一对颜色在某光源下,呈现的颜色是相同的,但在另外的光源下,其呈现的颜色是有差异的,此现象称为同色异谱。

物体常处在各种不同的光源的照明下,最主要的光源是日光和灯光。照明光源不同,物体的颜色就会有差异。

第三节 调色流程

虽然各个修补漆供应商都会或多或少地提供市场上各车型的颜色配方,但是与各车型的原厂漆存在差异,另外不同客户对颜色有不同要求,这时我们就需要调色。调色流程如图3-3所示。

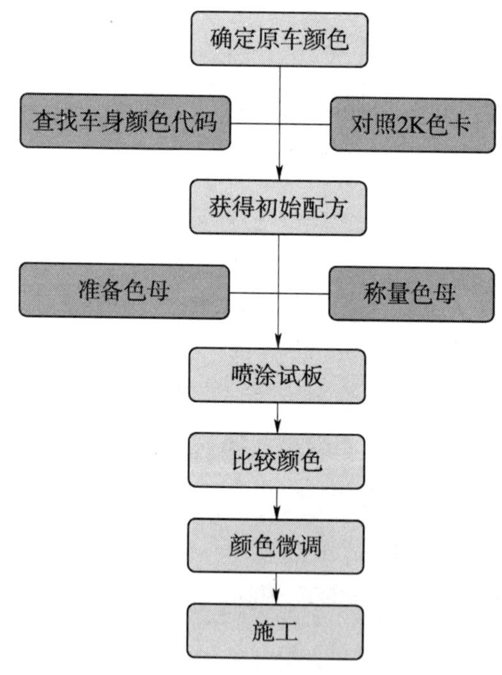

图3-3 调色流程

一 检查原厂颜色代码

查找车身上的标牌(图3-4)，在标牌上找出颜色代码。根据车的颜色代码，可以在修补涂料厂家提供的配方库内查找颜色配方。如果汽车已经重新喷涂，而且没有按照颜色代码调色或颜色代码被撕掉，这时可以使用色卡与车身颜色比较，找出最接近的色卡，查出色卡配方，在这个配方的基础上调色。

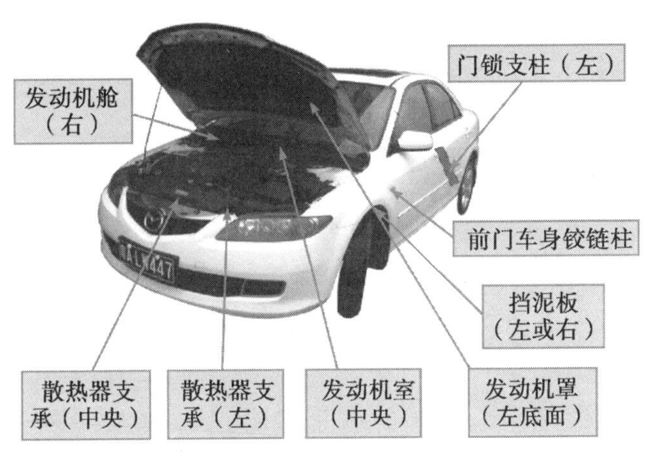

图3-4　常见汽车标牌位置

参考色卡时需要注意：

(1)所有色卡的配方在颜色调配时，试板都是用自动喷涂机喷涂的，喷涂的效果与手工喷涂的效果肯定不同。但由于手工喷涂的灵活性，有时可以通过施工者改变喷涂的方式，就能得到色卡所显示的颜色。

(2)在比较色卡的车身颜色时要考虑到所有造成误差的因素，因为一个色卡与车身完全相符的情况发生的概率非常低。

二 准备色母

根据选择好的色卡和配方，准备需要用的色母。准备色母时需要确认：

(1)色母已经搅拌均匀。

(2)色母的数量足够。

(3)调配涂料的罐是干净的。

(4)电子秤已校准。

(5)搅拌尺已经准备好。

三 称量色母

称量色母时注意以下几点:

(1)有把握时可以一次将数量调够,没有把握时先根据配方调出小样。

(2)对某个色母数量没有完全把握,可以先少加点。

(3)应该把电子秤放在稳固的桌面上,可以减少因为振动引起的误差。

(4)尽量减少空气对流对电子秤的影响,例如风、人员走动、门窗开关等。

(5)称量色母使用的电子秤都是精确到0.1g的,第二位的小数部分看不到,需要估计。一般而言,滴加一滴色母的质量在0.02~0.05g之间。电子秤是不具备四舍五入功能的,如实际质量0.17g,电子秤显示0.1g,所以实际的质量一般比显示的质量大。因此,在理论上要准确调配一个配方,每个色母的最小加入量应该在0.5g以上。

(6)很多调漆人员习惯使用每次加完色母后电子秤不归零的方式,当每次的误差不断积累起来后,后面所加的色母会偏少。

四 喷涂试板

试板的面积不宜太小,太小则对颜色的分辨会不准确,至少应该在10cm×15cm。喷涂时不要喷得过厚,否则金属漆和珍珠漆的颜色会比汽车车身上正常喷涂时的颜色稍深。

五 检查颜色

把喷出的试板与车身作比较，颜色符合就可以施工，颜色不符合就需要微调。检查试板颜色需要注意以下几点：

(1)在光线充足的地方，最好在室外不受日光灯、装饰物、树木的反射光影响的地方。

(2)不要在阳光直射或光线不足时检查颜色。

(3)当不得不在日光灯或烤房内检查颜色时，注意分辨色差和颜色异构之间的区别。

(4)存在微小色差时，正确判断哪些是不得不微调的，哪些是可以利用喷涂方式解决的。

(5)充分考虑周围的影响因素，如墙壁、车辆，还要考虑车身修补区域的影响因素，如遮阳膜、老化、失光等。

(6)以第一次印象为准，盯视时间越长，越难以判断。

六 微调颜色

在很多情况下根据颜色代码或色卡的配方调出的涂料颜色与车身的颜色或多或少有一些差别，这时就必须对颜色进行调整，这种颜色调整又称为微调颜色。微调颜色时要注意尽量不要使用原配方以外的色母，每次加入量或减少量要“宁少勿多”。每次进行调整后都要将色板与样板比较。

七 素色漆调配的要点

了解调色的基本流程后下面简单介绍素色漆的调配方法。

素色漆也叫纯色漆或实色漆。与金属漆不同，喷涂的因素对素色漆颜色变化的影响比较小，所以这类颜色较容易调配。素色漆调配也是调色的基本功。

素色漆一般都使用单工序喷涂的工艺，方便快捷。因此，素色漆色母要求有高遮盖力、高饱和度,施工后有高的光泽。但由于调色的需要,一套完整的色母系统中还要求有低遮盖力的色母。

素色漆在喷涂后不会出现侧面色调的效果,往往正面颜色调得准确,侧面也不会有什么差别。此外,施工条件、施工环境对素色漆颜色的影响也非常小。

调配素色漆时应该注意以下几点:

(1)色母的“沉降效果”。白色母、某些黄色母是最重的一类色母,原因是其颜料的比重大,常产生湿漆与喷涂色板之间的明显颜色差。如果湿漆中含有一定量的白色漆或某些黄色漆时,在用调漆尺搅拌湿漆并目视比较标准板时,要求湿漆调配得比标准板的颜色浅、淡。这是因为在搅拌湿漆时,重的色母来不及沉降,油漆的颜色就较浅;而喷涂后的流平时间内则发生了沉降,轻的色母在表面聚集较多,颜色就要更纯,外观表现得“暗”一点。刚喷涂完的漆面和干固后的漆面不同,烤干后的漆面都会显得偏暗一点。

(2)尽量选用纯度高的色母,汽车在素色选择上多用明快、鲜艳的色彩,以红色、蓝色、黄色为主。这些颜色调配要根据需要少用黑色母。

(3)尽量不选用低强度的色母作为主色,即使不得不选用时,也要尽量搭配使用高遮盖力的色母。这种情况以鲜艳的红色最为常见。

(4)白色在使用了一段时间后会变得稍黄。

(5)调配白色时尽量选用低强度的色母,就是透明的色母。高强度色母的浓度一般是低强度色母的 6 ~10 倍。

(6)黑色的表面光泽对判断其色差起着决定性的作用。新喷涂的黑色由于表面光泽太高而容易给人造成新修理漆面过黑的误解,可以先打蜡抛光再进行比较。

(7)当调配因长时间暴露而褪色的颜色时,可以添加少量的白色或黄色色母。

(8)颜色异构。颜色异构就是在不同的光源(例如阳光和灯光)反射下颜色的偏差有所不同。在室外看着比较准确的样板或调好的涂料颜色，到了室内或喷漆房内再看颜色就走了样。

颜色异构在颜色调配中是相当常见的现象，所造成的色差也较小。如果出现了严重的异构现象，基本上都与色母选用不当有关。这时候仅在原配方基础上增减色母数量已经不能很好地解决问题了，这时一定要改变所用的色母。

第四节　影响颜色的因素

汽车修补施工过程中一定会使用手工喷涂。因为手工操作的随意性，所以涂层的颜色会出现色差。此外，施工环境也能明显造成喷涂后的色差。

一　个人喷涂习惯的影响

手工喷涂的效果很受人的习惯制约，如走枪快慢、枪距远近、喷涂次数、流量调节、闪干时间、清漆厚薄等都对最后的颜色产生影响。

表 3-1 总结了一些经验：

个人喷涂习惯对颜色的影响　　表 3-1

颜色偏向 / 个人喷涂习惯	深	浅
走枪速度	快	慢
枪距远近	远	近
喷涂次数	少	多
油漆流量	小	大
清漆厚度	薄	厚

二　其余人为操作因素的影响

除了上述人为习惯造成的影响外，另外一些手工操作上的因素也对颜色造成影响，例如稀释剂配比、稀释剂类型、喷枪口径、气压调节、枪幅

(扇面)调节、中途烘烤等。如表 3-2 所示。

这些因素往往是人为疏忽所造成的,只要在操作上注意按照技术手册上的说明,这些人为因素的影响是可以避免的。

其余人为操作因素对颜色的影响 表 3-2

浅		颜色偏向		深
多	⟸	稀释剂配比	⟹	少
快干	⟸	稀释剂类型	⟹	慢干
小	⟸	喷枪口径	⟹	大
大	⟸	气压调节	⟹	小
大	⟸	枪幅(扇面)调节	⟹	小
无	⟸	中途烘烤	⟹	有

三 施工环境因素的影响

施工环境是客观因素,例如环境温度、环境湿度、空气对流等。随着施工设备的规范化和专业化,这些因素逐渐能人为控制,如在烤房内制作试板、调节烤房的温度和湿度、调节烤房的风压状况等。如表 3-3 所示。

施工环境因素对颜色的影响 表 3-3

颜色偏向 施工环境因素	深	浅
环境温度	低	高
环境湿度	大	小
空气对流	减少	增加

四 其他因素

除了上面所说的这些,还有一个不为人所注意的因素:色母颜料的比重。因为这种轻重的区别,对各种颜料在涂层流平、闪干的过程中的分布有重要的影响。

白色母是最明显的例子，有大量白色母使用的实色漆在湿漆状态下颜色又浅又亮，喷涂后烤干颜色不但鲜艳多了，而且还会变暗。

另一个有比较明显影响的是蓝色。蓝色母是比重最小的一类色母，也最容易受施工条件的影响。根据施工的不同，实际喷涂后的蓝色有可能出现由偏红到偏绿的各种差异色，喷涂手法偏轻、干得快，颜色容易浮现出红色；喷涂手法偏重、干得慢，颜色容易发绿。

综上所述，可以说，即使是同一罐油漆、同一把喷枪、同一个人，只要在不同的时间喷涂，都有可能会得到不同的结果。但从另一方面来讲，施工人员可灵活利用喷涂方式的改变从而达到微调颜色的目的。

第四章 汽车维修涂装

汽车的涂装修复是涂装人员的主要工作。汽车旧涂层修复的主要工艺过程是涂装前表面处理、喷自干防锈底涂层、涂刮自干腻子、打磨擦净、喷自干或烘烤型面涂层、喷双组分罩光清漆。

第一节 涂装前表面处理

一 涂装表面预处理的必要性

工件表面预处理是涂装工艺的第一步,表面预处理质量的好坏将直接影响涂层质量。表面经过预处理,使底材无油、无锈、无其他污物,并具有一定的粗糙度,能使涂料牢固地附着在底材上。表面预处理是保证涂层使用寿命及质量的重要环节。

1. 保证涂层质量

涂装表面预处理,应根据被涂物的用途、材质、要求和表面状况,采取与之相适应的处理方法。如经脱脂、除蜡、除锈的黑色金属,可首先在其清洁的表面进行磷化处理,这样既可防止金属腐蚀,又能增强对涂膜的附着力;铝、镁等轻金属,可进行阳极氧化处理;铝及镀锌板也可做磷化处理。

2. 增强涂膜在底材上的附着力

附着力的强弱虽与涂料品种质量及合理选择配套有关,但表面处理好坏也是一个关键,若表面不清洁,存在水、油、粉尘、氧化层、锈、蜡及其他污物或不牢固的旧涂膜,就会使新涂膜附着不牢、起泡、开裂、脱落,进而使金属与空气中的有害气体、水分接触,而发生腐蚀,造成损坏。表面

处理的目的就是要清除这些有害物质，并使底材表面具备涂装所要求的粗糙度，增强涂膜与底材的附着力，从而提高涂膜的使用寿命。

3. 提高涂膜的耐腐蚀能力

金属表面的水、油、锈及其他污物会降低涂料的耐蚀性能，它们存在于涂膜与被涂物表面之间，会腐蚀金属表面和破坏涂膜。

4. 改进涂层的外观

车体表面未予处理或处理不彻底，涂装后会产生许多病态，如被涂面有残留油污会使喷涂的涂膜产生缩孔（鱼眼）、脱皮；蜡质会使新涂膜不干、回黏、产生针孔；铁锈、氧化物会使涂膜起泡，影响车辆外表美观，使涂料失去装饰作用和保护作用。

二 汽车常用材料的特点及处理

汽车外壳材料是以钢铁为主，随着现代汽车工业的发展，其他金属材料和非金属材料也越来越多地被使用，如铝及铝镁合金、镀锌及锌合金、镀铬、各种塑料等。由于不同底材各有其特性，要充分发挥涂料的保护作用，就必须了解其特性及相应的涂装表面预处理。

（一）钢铁底材

钢铁产生锈蚀的主要原因是钢铁本身不稳定，容易氧化。

为了增强金属的耐蚀能力，底材用酸性金属处理液进行处理，形成化学处理涂层如磷化、钝化等以提高耐蚀能力。

（二）镀锌金属底材

为了提高汽车车身的耐腐性，镀锌板在车身上的使用率越来越高。锌的表面平滑，涂层附着不牢。锌是一种活泼金属，会与涂料的基料反应生成锌层，破坏了锌表面与涂层的附着力。为使涂层与锌表面结合牢固，使锌的表面粗糙并形成一个防止锌与基料反应的保护膜，对于镀锌金属表面有以下处理方法。

1. 黄膜铬酸盐处理

将锌材在含铬的酸性溶液上处理 1min 左右，以便生成一层无机铬酸盐膜。

无色膜层(也可能呈浅蓝色)的耐腐蚀性能有限,主要用于工件存放和处理过程中的暂时防护。

黄色涂膜具有良好的单独耐腐蚀性能,也可以作为涂装和粉末涂料的良好基底。

橄榄绿色膜专门用作耐腐蚀保护层。经过处理的表面能获得很好的初始附着力,外观符合要求。

2. 磷酸盐膜

在汽车工业中,为了改善易受伤部位的耐腐蚀的性能,广泛采用镀锌薄板。但是在镀锌钢板与钢板的连接处会发生电化学腐蚀,特别是有盐存在时,碱性物质在金属连接处聚积,导致涂膜被严重破坏。适当的锌盐磷化工艺配合铬酸盐处理减少表面电阻差异,能减少腐蚀。

(三)铝及铝合金的底材

铝是一种比较活泼的金属,银白色具有光泽,纯铝的机械强度较低。

铝及铝合金板材比钢铁表面光滑,涂膜附着不牢,在进行化学处理前,与其他金属板材一样,先要进行清洗,去掉油污和杂物。清洗时应注意铝制品不像钢材能耐强碱的侵蚀,不能使用强碱的清洗液清洗,处理方法有以下几种。

1. 化学氧化膜法(碱性溶液氧化法)

将铝或铝合金置于含碳酸钠、铬酸盐等碱性溶液内在高温下处理 5 ~20min,使表面生成一层氧化膜,氧化处理后要进行钝化处理,目的是使氧化膜稳定,并中和残留在零件表面的碱性溶液,进一步提高防锈能力。

2. 铬酸盐膜(黄膜铬酸盐法)

处理液是 pH 值为 1.8 ~3.0 的酸性水溶液,主要成分为铬酸,并含有作为浸湿剂的氟化物及其复盐。

(四)塑料底材

塑料正式用于汽车始于 20 世纪 60 年代。到了 70 年代,汽车制造业开始大量采用塑料，但主要是软质、泡沫类和衬垫类等缓冲料。汽车功能性零件塑料化是以 1978 年的石油危机为契机，使用塑料可以使汽车车身轻量化，从而达到节能的目的。

尽管塑料制品不会生锈，易于着色，本身就具有耐腐蚀和装饰性，但并不是没有保护的必要。随着塑料制品的广泛应用，人们认识到在塑料制品上涂一层合适的涂层，可以延长使用寿命，提高各种性能，从而扩大它们的使用范围，提高经济效益。

绝大多数塑料的极性小、结晶度大，表面张力低，湿润性差，表面光滑，所以对涂层的附着力较低。涂装前对塑料表面处理的目的，是通过一系列化学的或物理的方法，提高涂层对塑料制品的附着力和减少塑料涂层的各种缺点，从而提高塑料涂层的质量。其方法有以下几种。

1. 物理处理

(1) 火焰处理。火焰处理是将火焰喷到塑料制品表面，使表面接触温度达 1000 ~2000℃，但处理时间很短(以秒计)，所以塑料制品不会损伤熔化。这样使塑料表层分子局部氧化，从而改善其润湿性和附着力。可采用氧乙炔吹管、空气喷灯。

(2) 紫外线辐射处理。塑料经紫外线处理后，表面结构发生变化，可明显提高塑料制品的附着力。

2. 除静电

由于塑料均为绝缘体，在其表面容易积累电荷，喷涂涂料时，会由于静电作用使涂料喷涂不均匀，降低涂层的附着力。所以喷涂涂料前塑料表面一定要用除静电剂进行处理。

3. 表面脱脂、除尘、退火

塑料表面的油污及脱膜剂(多采用蜡、硅酮或硬脂酸作为脱膜剂)，会大大降低涂层的附着力和引起涂层缩孔等弊病。为此，可采用与金属脱脂相类似的碱性水溶液脱脂、表面活性剂溶液脱脂。耐溶性差的塑料，如聚苯乙烯等可采用低级醇(如甲醇、乙醇)，以及挥发速度快的脂肪族溶剂(如己烷)等擦拭，或用中性洗涤剂的溶液清洗。

由于塑料是绝缘体,容易产生静电,吸收灰尘,用表面活性剂溶液清洗,虽然也有除尘、除静电的作用,但在洗涤和干燥的过程中,还有可能再次粘上灰尘,因此常常采用离子化空气来除尘。

由于塑料制品成形时易产生内应力,因此,在涂装时与溶剂接触,如果产生溶胀,则在应力集中处产生裂纹。为了消除内应力,防止开裂,应采用退火处理。

4. 化学处理

塑料件表面化学处理的目的是通过适当的化学物质,例如酸、碱、氧化剂、溶剂等对塑料制品表面进行处理,使其氧化产生活性基因,或选择性地除去表层低分子成分,使表面粗化具有多孔性,从而改善塑料制品的附着力。

第二节　底漆的施工

一 底漆的作用

底漆的作用主要是提供附着力和防腐蚀。底漆一般不具备填补车身表面缺陷的能力,但能使裸露的金属表面适合使用腻子、中涂底漆及面漆,它作为被涂表面与涂层之间的媒介层,使两者牢固结合。

二 汽车涂层修补中常用底漆的特点及施工

汽车涂层修补用的底漆品种很多,根据不同的质量要求、表面材质及配套的面漆进行选择。常用的汽车修补涂装底漆有:磷化底漆、环氧底漆、聚氨酯底漆等。下面就汽车修补涂装底漆的特点以及常用底漆的施工做简单介绍。

1. 汽车修补用底漆的特性要求

(1)对经过表面预处理的车身金属表面有优良的附着力。

(2)底漆层具有极好的耐蚀性及耐化学品性能。

(3)底漆层应具有钝化金属表面的性能及对外界有优良的封闭性,即防"三渗"(渗水、渗氧、渗离子)性能。

(4)底漆除了对金属配套性好之外,还要具有对腻子、中涂底漆或面漆层兼容性好的特点。

(5)底漆应有良好的施工性能。

2. 汽车涂层修补用底漆的施工

(1)磷化底漆。磷化底漆是将金属表面通过化学反应生成一层不导电、多孔的磷化膜,一般称为转换涂层。

磷化底漆能提高底漆对金属表面的附着力、耐蚀能力及热老化性能,可代替磷化处理,适用于各种金属(如钢、铁、铝、铜及铝镁合金等),并能耐一定的温度,可做烘烤面漆的底漆,但由于成膜很薄,一般不能单独作为底漆使用,必须与其他底漆配套使用。

(2)环氧底漆。以环氧树脂为主要成膜物质制成的底漆,品种较多,有高温烘烤底漆、双组分底漆、单组分常温自干底漆。环氧底漆附着力强,漆膜坚韧耐久,对许多物体表面有较强的黏合力。

双组分环氧底漆的使用方法和注意事项如下:

①适用于无尘、无油、无蜡、无锈、无水,并具有涂装允许粗糙度的裸露金属(钢板、铝材、不锈钢、镀锌钢板)表面及玻璃钢表面的涂装。

②双组分环氧底漆以喷为主,也可刷涂。

③严格参照供应商的要求调配漆料与固化剂,并在混合寿命内用完;当喷涂黏度需要调节时,一定要使用供应商提供的溶剂。

④底漆中涂漆合一的环氧底漆,喷涂一道,涂层厚度达30~40μm,可做防锈底漆,喷涂二道,涂层厚度可达50~60μm。干燥后可研磨,具体时间请参照供应商的要求。

⑤双组分环氧底漆能与多种面漆配套,如硝基漆、过氯乙烯漆、热塑性丙烯酸漆、醇酸漆、聚氨酯漆、氨基漆、热固性丙烯酸漆等。

第三节　腻子的施工

一 腻子及其作用

腻子是一种以颜料、填充料、树脂、催干剂调配而成的呈浆状的材料,用在预涂底漆的底材,以填平物体表面凹坑、焊接缝及擦伤、锈蚀等缺陷,直至形成平整光滑的表面。

腻子能使受到损坏的底材恢复到原有的形状,是一种快速而低成本的修补方法。但刮腻子不能代表钣金的所有修理工作。在涂腻子前底材要达到一定的要求,如合理的钣金件安装,表面平整度的变形量应不超过2mm,底材不应有裂口或未焊接的接缝等,否则,过厚的腻子层会降低涂层的性能,裂口和缝隙会吸进潮气,导致锈蚀的产生,最终会破坏腻子和金属的结合。

二 汽车涂层修补中常用的腻子种类、特性

汽车涂层修补中使用的腻子种类很多,根据被施工件的质量要求、表面材质以及腻子的功能进行选用。

(一)汽车修补用腻子的特性

(1)与底漆、中涂底漆及面漆有良好配套性,不发生咬底、起皱、开裂、脱落等现象,有较强的层间黏结力。

(2)具有良好的刮涂性能,垂直面涂装性能良好,无流淌现象,有一定韧性,附着力好,刮涂时腻子不反转,薄涂时腻子层均匀光滑。

(3)打磨性良好,腻子层干燥后软硬适中,易打磨,不粘砂,能适应干磨或湿磨。打磨后腻子层边缘平整光滑且无接口痕迹。

(4)干燥性能良好,能在规定时间内干燥、打磨。

(5)形成的腻子层要有一定韧性和硬度,以防汽车行驶中的振动引起原腻子层开裂,轻微碰撞引起低凹或划痕。

（6）具有较好的耐溶剂和耐潮湿性，否则，会引起涂层起泡。

（二）成品腻子种类

1. 聚酯腻子（原子灰）

聚酯腻子由不饱和聚酯树脂、填料、少量颜料及苯乙烯配制而成，要和固化剂调配后才能使用。由于聚酯腻子干燥速度快，受气候影响小，腻子层牢固，附着力强，不易开裂，刮涂、堆积、填充性能好，硬度高，打磨性好，表面细滑光洁，固化后收缩性小，能与多种面漆配套使用，可以大大提高施工速度和产品质量，因此深受汽车修理行业的欢迎并被广泛使用。

2. 硝基腻子

硝基腻子由硝化棉、醇酸树脂、顺酐树脂、颜料、大量体质颜料和稀料制成，干燥后易打磨，在汽车修补中，常用于喷涂中涂底漆后，刮涂小的砂孔用。

聚酯腻子和硝基腻子的使用范围见表 4-1。

腻子的应用范围　　表 4-1

腻　　子	适用底材	作　　用	厚度
通用型聚酯腻子	金属	填充小的缺陷、砂纸痕和针孔	2～3mm
硝基腻子	底漆	填补底漆存在的针孔和砂纸痕	0.5mm

3. 塑性腻子

塑性腻子和其他涂料在组成上非常类似，都是由树脂、颜料和溶剂构成的。大多数腻子中含有起黏结剂作用的聚合树脂。当使用腻子时，随着溶剂的挥发，黏结剂便将颜料牢牢地黏结成坚固持久的薄膜。和磁漆一样，塑性腻子也是通过化学反应而硬化的。

4. 玻璃纤维型腻子

为满足防水的需要，人们开发出了一种玻璃纤维加强型腻子。这种腻子用玻璃纤维丝代替滑石粉作填充剂。与传统的腻子相比，其韧性和强度都有很大的改善。由于这种腻子可以防水，所以能用于修补小孔、裂缝和锈穿。

玻璃纤维型腻子有两种基本类型。一种是用短纤维丝制成的，而另一种是用长纤维丝制成的。短纤维型腻子一般用于修补小孔。长纤维型腻子用于修补大的裂口。

5. 加铝型腻子

一些生产厂家尝试用铝粉替代部分滑石粉以提高其产品的防水性。铝本身可以催化聚酯树脂的凝固，所以这种加铝的腻子不宜长期存放。

6. 轻型腻子

轻型腻子用微型球状玻璃颗粒代替了一半的滑石粉。另外还增加了树脂的含量，从而显著提高了材料的可锉性和可磨性，而且其附着性和防水性也都有所改善。

7. 优质腻子

优质腻子的性能远高于一般的轻型腻子。优质腻子湿润且呈乳状，延展性好，用于垂直表面也不会出现流挂的现象。干燥时不粘手，而且不会产生针眼。最值得一提的是，优质腻子适于打磨。平滑的表面和良好的打磨性可省去大量修补和成形所需的工作和时间。

8. 上光二道浆

由于腻子在调制、涂抹和成形的过程中，会形成一些极小的针眼和砂痕，因此人们研制出一种上光二道浆，可以填补修理表面的小缺陷，获得光滑的效果。

9. 聚酯上光二道浆

为了渗色现象，腻子生产厂家开发出一种颗粒极细的、催化过了的聚酯上光二道浆。聚酯上光二道浆不会起皱，成形稳定，并能防止溶剂渗透(这正是产生渗色现象的原因)。这种聚酯型底层涂料使用喷枪进行喷涂，可填补表面小缺陷，密封腻子层和旧涂层。

三 汽车涂层修补中常用腻子的施工

腻子一般用刮具施工，刮涂的次数(层数)主要取决于底材的表面状况、施工质量要求、操作人员技术水平，一般刮涂1~4层，直到底材达到涂装的要求。

1. 聚酯腻子的施工

(1)调配腻子。先将罐内的主剂调和均匀,底面黏度一致,以利于刮涂和固化。

(2)刮涂第一层腻子。用硬刮具刮涂,对较大凹坑可选用较宽的硬刮具。刮刀与底材倾斜角以50°~60°为宜。

(3)刮涂第二层腻子。汽车车身平面处仍用硬刮具刮涂,但对圆弧较大部位也可适当使用橡皮刮具或塑料刮具。

(4)刮涂第三层腻子。应使用弹性较好的橡皮刮具或塑料刮具,平面处也可用硬刮具。这一层腻子主要填充前两层腻子留下的砂孔、砂纸痕迹以及遗漏的轻微凹陷。施工原则是以光滑为主兼顾平整性。

(5)刮涂第四层腻子。使用硬一些的刮具刮涂第三层可能遗留下来的微小砂孔及砂纸痕迹。利用硬刮具的刮口薄薄均匀地刮涂一层光滑腻子。

(6)打磨腻子。腻子层彻底干燥后即可打磨,具体干燥条件参见“使用腻子注意事项”。

2. 使用腻子注意事项

普通腻子不能直接用在镀锌板上,只有专用的钣金腻子才可以。固化剂太少会导致腻子干燥慢,干燥后与金属结合力差,易起泡、剥落,打磨时腻子边缘平滑性差;固化剂太多会导致反应过快产生热量不能及时散出,易产生气孔,还会使面漆产生腻子印,影响整个涂层的质量。

腻子主剂与固化剂配制后,要在可使用时间内(一般为7~10min)用完(使用时间受温度与相对湿度的影响)。刮涂后的腻子层在干燥后(一般为20℃时经1h)才可打磨,相对湿度高、温度低时干燥时间要适当延长,也可用红外线灯烘烤约3min左右来缩短干燥时间。经过配制后的腻子不能再装入原来的容器中。工具使用完毕后,应立即用稀释剂清洗干净,以免凝结而损坏工具。

3. 快干腻子的施工

快干腻子俗称填眼灰、小灰等,有硝基型及双组分型,既可用于刮涂操作,也可用于喷涂操作,颜色有白色、红色、黄色等,可根据需要选用。快干腻子主要适用于填嵌腻子施工后产生的砂痕、砂孔以及物体表面上的微弱凹陷。

下面以硝基型快干腻子来说明快干腻子的施工及注意事项。

(1)快干腻子适宜刮涂砂孔、砂痕及微弱凹陷的小面积作业。

(2)快干腻子在托板上调匀后,应迅速刮涂。

(3)快干腻子在薄涂时干燥很快,但在厚涂时表面易封闭,溶剂挥发受到影响,干燥很慢,且堆积性差,因此快干腻子不能替代填充腻子。

(4)一般快干腻子刮涂在中涂底漆上,打磨后直接喷涂面漆,因此,砂纸的选用应视底材精度要求及喷涂面漆的种类而定。

四 干磨流程

为提高修补质量、效率和降低成本,有必要大力推行干磨工艺。

1. 工具和设备

干磨工具车及吸尘桶、单动作打磨机、3mm和7mm双动作打磨机、吸尘手刨、吸尘软管、打磨机保护垫、红外线灯等。

2. 打磨材料

(1)干磨用手刨砂纸。腻子打磨用P60~P180砂纸;中涂底漆打磨用P240~P320砂纸。

(2)机磨用砂纸。机磨用砂纸应根据涂层采用不同的砂纸规格,除旧涂层用P80,腻子羽状边打磨用P120~P240。中涂底涂层打磨(单工序)用P400,底涂层打磨(双工序)用P500。旧涂层喷涂后打磨用P1000~P2000,喷涂面涂层后清除细小尘点打磨用P1500~P4000。

(3)研磨指示剂(打磨指示层专用)。

3. 干磨施工流程

(1)清洁表面。使用除油剂彻底清洁工件。

(2)清除旧漆。使用7mm双动作偏心距或单动打磨机配合P80干磨砂纸,除去旧漆至裸金属。

(3)羽状边打磨。使用P120干磨砂纸打磨羽状边,距离裸金属凹陷至少7~8cm,羽状宽度至少10mm。

(4)清洁打磨过表面。使用除油剂清洁要刮涂腻子的位置。

(5)刮涂腻子。此处以钣金腻子为例,若喷涂环氧底漆则要干燥后再刮腻子,刮涂范围在羽状边范围内(使用红外线烘烤,加速固化时间,提高效率)。

(6)腻子打磨步骤。在腻子上涂抹炭粉,使用干磨机配合P80干磨砂纸,在腻子范围内进行粗磨,然后再涂抹炭粉,使用吸尘手刨配合P80、P120、P180进行手刨打磨,目的是把腻子范围整平,涂抹炭粉的目的是显示未打磨区域及砂眼,方便矫正。

(7)检查平整度。用手感觉腻子区域长及宽是否平整。如果修补区域不平整,可再进行腻子刮涂。

(8)检查针孔。彻底清洁,吹掉修补区灰尘,如果有针孔,用双组分的腻子进行填补并重新使用P120~P180砂纸打磨。

(9)打磨羽状边。用7mm双动作偏心距打磨机配合P180和P240打磨砂纸打磨羽状边,不要打磨腻子层。

(10)修补区周边范围打磨。使用P320干磨砂纸配合3~5mm双动作偏心距打磨机及软垫,打磨从羽状边至周边不小于15cm的区域,难以打磨位置请使用海绵砂纸垫。

(11)遮护。在贴遮护纸前清洁修补区周围,不要擦抹腻子,避免腻子吸收清洁剂产生喷涂后的溶剂气泡。

(12)底漆喷涂遮护。使用遮蔽纸遮蔽不需喷涂位置,整理软化边缘,避免喷涂底漆时产生胶带印。

(13)喷涂双组分中涂底漆。均匀喷涂3~4层双组分中涂底漆,每层喷涂需闪干,修补区在25℃以下,用红外烤灯烘烤3min(裸金属位置可先喷涂防腐底漆,加强黏附力及防腐性),不要过度喷涂到贴护边沿。

(14)红外烤灯烘烤固化(烘烤时间参考技术资料)。

(15)研磨指示涂层。

(16)手刨打磨中涂底漆。使用P400打磨砂纸手刨打磨,手刨打磨目的是把底漆下腻子范围整平,打磨前使用指示涂层。

(17)用手感觉修补表面是否平整。用手感觉修补区域,如不平整持续用手刨打磨直至平整。

(18)清洁及涂抹指示涂层,确保没有灰尘在表面。

(19)机器打磨中涂层及其他区域。使用3mm带有中间软垫的偏心距打磨机,如果要喷涂单工序面漆用P400砂纸打磨,如果要喷涂双工序面漆用P500砂纸打磨,难以打磨的位置使用P500~P1000海绵砂纸垫打磨,使用P1000~P1200海绵砂纸垫或白洁布打磨其他喷涂位置。

(20)在贴遮蔽纸喷涂面漆前,清洁所有区域。

(21)面漆喷涂。进入喷漆房,除油及除粘尘,最后进行面漆喷涂。

第四节　中涂底漆的施工

一 中涂底漆的作用

中涂底漆在涂层组合中是在面漆之下的涂层,主要起增强涂层间附着力的作用,加强底涂层的封闭性和填充细微痕迹的作用,因此,中涂底漆要有一定的附着力、耐溶剂性及填充性,以保证为面漆提供一个完美的施工表面,并突出面漆的装饰性。作为面漆层与底漆层、腻子层、旧涂层之间的媒介层,中涂底漆还应具有对底涂层、腻子层、旧涂层、面涂层的良好配套性。

二 中涂底漆的特点及施工

汽车涂层修补中的中涂底漆品种多,分类方式也多种多样,如根据

组分分为单组分和双组分；根据树脂种类分为环氧、硝基和双组分丙烯酸聚氨酯等。

1. 中涂底漆的特性

(1) 与底漆、腻子、旧涂层及面漆层有良好的配套性。

(2) 干燥后涂层硬度适中，有良好的打磨性能及耐水性。

(3) 有良好的填充性能。

(4) 有良好的隔离性能。

(5) 能提供给面漆一个吸附性一致的涂面。

(6) 有良好的施工性能。

2. 中涂底漆的施工及注意事项

(1) 环氧中涂底漆。氨基固化的双组分环氧底漆一般是底涂层、中涂层二合一的底漆。该涂料用于涂有底漆或腻子层的涂面上，对底层附着力好并有填平腻子层砂孔、砂痕的能力，可防止面漆的光泽被底涂层吸附。

(2) 硝基中涂底漆。硝基底漆是单组分底漆，干燥迅速、易于打磨，经打磨后表面平整光滑。

(3) 双组分丙烯酸聚氨酯底漆。双组分丙烯酸聚氨酯底漆的固化剂为异氰酸酯，一般小面积修补直接用于金属上或磷化底漆、环氧底漆等表面。其附着力、耐水性、耐热性、耐化学性很好，而且干燥快，打磨性及对面漆的保光性都非常好，因此，在汽车修补涂装行业有着广泛的应用。

第五节　遮　　护

一 遮护的目的

遮护是一种保护方法，是指使用胶带或纸盖住不需修饰的表面。它用于在打磨、喷漆或抛光时保护相邻的表面。

一般情况下,如果给后门涂面漆,它的漆雾可以扩展至车门以外1m至2m。所以我们在做局部喷涂时,一定要对不需喷涂位置进行遮护,如图4-1所示。

图4-1 遮护

二 遮护方法

1. 喷涂中涂底漆时的遮护

由于施喷中涂底漆所用的空气压力低于施喷面漆的空气压力(以尽可能减少喷涂外逸),所以工件表面的遮护工序比较简单。通常使用反向遮护法,以防止产生喷涂台阶。

2. 较大面积重喷时的遮护

进行较大面积重喷时,如重喷翼子板或车门之类的板件,必须单独遮护。如果板件有孔口(例如供装饰件用的孔,或板件之间的缝隙),它们必须遮护,以防漆雾进入这些区域。如果覆盖孔口有困难,可以从里面遮护孔口,从而防止漆雾黏至内部部件上。

三 遮护边界

1. 选择边界及遮护方法

分隔重喷区与非重喷区的区域叫边界。必须根据修理的范围及旧涂料的状况选择边界。

(1)板间缝隙上的边界。为了重喷一块用螺栓安装的外板,必须在

板间的缝隙上贴边界，进行遮护。

(2)车身有封闭剂(板缝)上的边界。车身后侧板件或其他焊接部件可能没有任何缝隙将它们与相邻板件分隔开。遮护胶带可以折成车身封闭剂的宽度，从而可以使边界处的台阶不太显眼。

(3)在特征线凸出部位上的边界。这个方法用于仅重喷板件的一部分，而不需扩展要重喷的区域。这个效果通常通过反向遮护达到，它使边界处的台阶尽量不显眼。要准确地沿特征线进行反向遮护。

(4)平面部分上的边界。当处理点重喷中的小面积时，边界必须通过反向遮护限定在一块给定的车身板内。

2. 遮护注意事项

(1)清洁和除油。在将车辆开上工作车位以前，先要清洗车辆。用除油剂清洁要遮护胶带的区域，以防止在吹风或涂装时遮护胶带剥落。

(2)遮护的范围。所用的重喷方法和喷枪的操作方法不同，要遮护的区域的范围也不同。漆雾散射的范围因所进行的是点重喷还是大面积重喷而异。因此，必须恰当地遮护在每一种情况下的最小区域。

(3)不可拆卸部件的遮护。将遮护胶带贴在不可拆卸的部件上，并留一个小小的间隙(等于涂层的厚度)。如果不留间隙，涂料形成的涂层将会连接新涂表面和遮护胶带，从而使遮护胶带难以剥落。如果间隙太宽，那么遮护胶带便不能很好地遮护部件。

(4)圆区域的遮护。如果遮护胶带在圆区域上贴得很紧，那么它会在转角周围缩进去，从而暴露需要遮护的面积，应该在接近转角的地方将胶带贴得稍稍松一点。

(5)双重遮护。通常使用的遮护胶带和纸，对涂料中所含有的溶剂的抵抗力不是很强。因此，在涂料易于聚积的地方(例如板边、沿特征线或要涂厚涂料的区域)，贴双层遮护胶带和纸，可以防止涂料透入遮护材料。

(6)剥除遮护材料。一般说来，遮护材料应该在抛光后除去。但是，沿边界的遮护胶带应在涂装后，趁涂层还是软的时候小心地取下。

这是因为一旦涂料变干变脆,它便不会均匀地分离。

(7)缝隙胶带。缝隙胶带可以使工作简化,而且可以缩短重喷所需要的时间。

(8)其他。

①遮护工序通常是在工作车位进行的。在该工序完成以后,车子便开入涂装室。阻碍汽车运动的区域不要遮护,而留待于涂装室内遮护。例如,阻止进入汽车内部的遮护。如果车门完全遮护,那么汽车便无法开动。

②运动部件周围的遮护,例如车轮,当遮护汽车的外面时,一定不要让遮护材料太长,要保证汽车轮胎能自由转动。

第六节　面漆的施工

一 面漆的功能

面漆指涂于工件最外层的漆膜,是涂层组合中唯一可见的部分,起着装饰、标志和保护底材的作用。它直接暴露在各种气候条件(如雨、阳光、雪、寒冷、酷暑等)下,并与有害物质(如酸、碱、盐、二氧化碳、硫化氢)接触,是阻挡外界侵蚀的第一层,配合底漆起到对底材的保护作用。

二 面漆的分类

面漆的分类方法很多,按颜色效果可分为纯色漆、金属漆和珍珠漆;按成膜物质种类可分为硝基漆、醇酸漆和丙烯酸漆等;按固化机理可分为溶剂挥发型、氧化型和交联反应型等;按施工工序可分为单工序、双工序和三工序等。而每一种分类方法互相的界线不是绝对的,可以相互交叉。如图4-2所示为在汽车修补涂料中采用的面漆分类方式。

(1)单工序面漆指喷涂同一种涂料即形成完整的面漆层的喷涂系统。

(2)双工序面漆指喷涂两种不同的涂料才能形成完整的面涂层的喷涂系统，通常是先喷涂色漆，然后再喷涂罩光清漆，两种涂层结合在一起才能形成有质量保证的完整的面漆层。

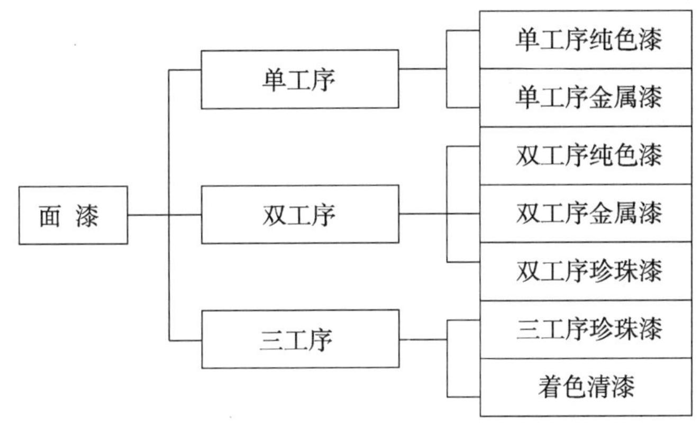

图4-2　面漆的分类

(3)三工序则更为复杂，如三工序珍珠漆通常是先喷一层打底色漆，然后喷一层珍珠漆，最后喷罩光清漆，三个涂层结合才能形成完整的面涂层。

三 单工序面漆的施工

在汽车修补中常用的单工序面漆主要为双组分纯色漆。

(一)喷涂前的准备

1. 汽车车体表面要求

车身表面已完成中涂底漆的基础工作，达到平整光滑且无缺陷，表面轮廓外形线清楚准确，用P400～P500砂纸干磨后，符合涂装允许的粗糙度，不涂漆部分应小心用专用封闭纸加胶带封闭。被涂底材要用专用除油剂进行脱脂、除蜡，用粘尘布轻擦整个被涂面以清除浮尘。

2. 对喷涂环境、工具、设备的检查和准备

双组分涂料干燥较慢，易粘尘，故要求施工环境清洁，喷涂工作要在有排风设备的喷漆房内进行。固化剂异氰酸酯对水、油敏感性极强，要

求空气压缩机能提供纯净而干燥的压缩空气。注意选用合适口径的喷枪,过大的口径会造成出漆量大,而使被涂面的漆膜产生流挂和橘皮。喷枪喷出的喷雾流要均匀。要用专用过滤网在喷涂前对涂料进行过滤,确保喷涂后的漆膜上无肉眼可见的颗粒。

(二)喷涂程序和方法

1.喷涂程序

(1)第一步是喷涂车顶。在车顶从前风窗玻璃到后窗之间,首先从靠近操作人员的车顶边缘乘客侧面前门一侧开始,采用带状涂装法进行喷涂,喷枪与车顶表面距离为15~20cm,从左到右,再从右到左逐步向车顶中心线移动,每层喷幅重叠1/2~2/3。喷雾流尽可能与被涂面垂直,直到喷涂面超过车顶中心线后,操作人员移向驾驶员门一侧,自车顶中心线(接前喷涂面边缘)从左到右,再从右到左逐步向车顶边缘靠近操作人员车身的一侧移动。

(2)第二步是喷涂驾驶室一侧前门。从左到右,再从右到左带状喷涂,垂直由上逐步向下移动,直至全部覆盖。接着喷涂相邻的前翼子板,从左到右,再从右到左带状喷涂,垂直由上逐步向下移动,直至全部覆盖。

(3)第三步是喷涂发动机舱盖。首先操作人员站在车的前部喷涂发动机舱盖的前部折口面,然后操作人员站在驾驶员一侧的前翼子板一边,从靠近翼子板的发动机舱盖边缘开始,喷枪从左(发动机舱盖前部)到右(发动机舱盖靠近风窗玻璃处)移动,再从右到左采用带状喷涂法逐步向发动机舱盖中心线移动,直到喷涂面超过发动机舱盖中心线后,操作人员移向另一边(乘客一侧),喷枪沿发动机舱盖中心线(接前喷涂面边缘)从左到右移动,再从右到左逐步向乘客一侧的发动机舱盖边缘移动,直至发动机舱盖平面被全部覆盖。

(4)第四步是喷涂行李舱盖。采用带状喷涂法沿后窗玻璃的底边喷一道,由于行李舱盖长度较发动机舱盖短,操作人员可站在车后部,沿后窗玻璃的底边从左向右,再从右向左,由后窗玻璃一端逐步向后(操作人员身边)移动,每层喷幅重叠1/2~2/3,直至覆盖整个行李舱盖。

(5)第五步是喷涂驾驶室一侧的后翼子板和后门。在喷涂后门时应把前门打开,防止漆尘飞扬到已略干的前门涂面,避免产生粗粒现象。

2. 喷涂方法

按说明书规定比例混合漆分和固化剂,静置5～10min后喷涂,若喷涂黏度需要调节,应添加配套的稀释剂,应选用与喷涂环境温度相适应的快干或慢干型稀释剂。

双组分涂料一般喷两层即可达到要求的厚度。若颜色遮盖力较差,则需喷3～4层,直到全部覆盖。

在全车整喷施工中,应该用中涂底漆封闭全车,以防止新旧漆膜间的不配套问题,并可提供良好的耐久性。若在全车整喷施工中采用局部喷涂封底漆于修补面上,则要充分确定旧漆膜的性质,保证全车旧漆膜与新喷涂料不会发生咬底、吸光,起皱等问题。若表面是局部喷涂中涂底漆的情况,应在第一层面漆喷涂前,首先对局部喷涂中涂底漆的涂面先薄喷一层,减少中途底漆与旧涂面之间的色差,为以后的全车喷涂打下基础。

第一层喷涂时以0.35～0.45MPa的喷涂压力,中等湿度薄薄地喷涂一层,检查涂面情况后以确认有无缩孔。一般被涂面如有油、蜡会导致第一层喷涂后立即出现缩孔,若底层涂面与新喷涂料不配套也会立即产生咬底、开裂等现象,这时应立即停止施工,采取相应的补救措施或返工。

(三)施工中的注意事项

(1)双组分涂料用多少配多少,现配现用,已配制好的涂料要在供应商提供的使用时间内用完。

(2)拉开前门喷涂后门时,前门内侧要求用专用的遮护纸加胶带封闭好,以防喷涂时产生的漆尘飞进车内,造成污染。

(3)在喷涂车顶和发动机舱盖由边缘向中心移动时,注意工作服不要触及边缘已涂部位,以免造成不必要的返工。

(4)遮盖纸应在喷涂后立即小心去除,注意手和工作服不要触及未干的涂面。

(5)双组分涂料中的异氰酸酯漆尘对人体有害,喷涂时要在通风良好的环境下进行,并做好个人安全防护,如穿工作服、戴防毒面具等。

(6)喷涂完毕后应立即清洗喷涂工具,以免胶结。

(7)双组分涂料喷涂后可自干,也可低温烘烤强制干燥,一般在20℃时经16h后(隔夜)可投入使用,60℃(金属温度)时经30min烘烤,冷却后可投入使用,但彻底固化则需一周时间。

四 双工序面漆的喷涂

双工序金属漆喷涂时有以下要点。

(1)喷涂前对被涂面的准备及对喷涂环境、工具、设备的检查和要求参照"单工序面漆的施工"。

(2)喷涂前对金属漆要搅拌均匀,按涂料规定比例加入固化剂、稀释剂,一般把涂料黏度调整到15~17s(涂—4杯,20℃),过滤后再喷涂。使用慢干型固化剂和稀释剂要谨慎。

(3)金属漆一般喷涂2~3层,以全部均匀遮盖为准,每层间隔10~15min,以0.4~0.5MPa喷涂压力,中等湿度均匀喷涂。金属粒子易沉于喷枪罐底,每次加料都要注意搅拌均匀,在喷涂中也要经常晃动喷枪,以防止银粉粒子沉淀。

(4)最后一层喷涂可适当降低涂料钻度,略提高喷涂气压,薄而均匀地喷涂,以利于银粉粒子分布均匀和提高涂面光泽度。

(5)喷涂完毕后不能立即去除遮护纸、胶带,应当等烤干之后(一般为60℃时经30min烘烤,具体烤干条件参见油漆供应商的产品说明书),尚未完全冷却之前去除。

以上数据仅供参考,具体产品参照供应商的要求。

五 三工序珍珠漆的喷涂

三工序珍珠漆需喷涂三种不同类型的漆(纯底色漆、纯珍珠漆、清漆),称为三工序珍珠漆喷涂,各工序油漆调配比例参照油漆供应商资料。

(1)喷涂前吹尘,贴护,使用除油剂清洁喷涂区。

(2)喷涂3层纯底色漆覆盖底漆,喷枪距离20cm,气压为0.3～0.6MPa,每层喷涂间隔时间,需使用粘尘布清洁每层的漆尘。使用粘尘布时,每层纯底色漆需要干燥及避免干喷。

(3)确保底色漆干燥后约30min左右,然后喷涂3～4层纯珍珠漆,视车体颜色决定,喷枪距离为20cm,气压为0.3～0.6MPa,每层喷涂间隔时间,需使用粘尘布清洁每层的漆尘。使用粘尘布时,每层纯底色漆需要干燥及避免干喷。

(4)因经过多层纯色漆及纯珍珠漆喷涂后,漆膜厚度增加,从而溶剂挥发减慢,因此喷涂清漆的静置时间延长,确保珍珠漆干燥后30～60min,而且视天气温度决定。天气冷干燥时间长。

六 清漆的喷涂

清漆的作用是保护底色漆、银粉漆、珍珠漆、抗紫外线及提高光泽度,使车体显出饱满、艳丽的色泽。

(1)喷涂前做好安全防护,如戴供气面罩、防溶剂手套。

(2)喷涂清漆前需使用粘尘布清洁喷漆位置漆尘,避免漆尘停留在表面,增加抛光工作量。

(3)喷涂2～3层清漆,喷枪距离为20cm,气压为0.3～0.6MPa,每层喷涂间隔时间为5～10min,或用手感觉边缘位置是否表面干燥,然后喷涂第二、第三道清漆。

(4)清漆喷涂完成后,一般需静置5～10min,待清漆溶剂挥发,调节烤房温度达到60℃,烘烤35min。具体要求,见供应商提供的工艺说明。

第七节　抛光打蜡

一 汽车涂膜抛光

抛光主要是为了增加涂膜的光泽度与平滑度,消除涂面的粗粒、轻微流痕、泛白、橘皮、细微砂纸痕迹、划痕、泛色层等涂膜表面细小的缺陷。抛光处理既适用于旧涂面翻新,也适用于新喷涂面及修补施工。

(1)旧涂面翻新抛光。汽车是一种室外交通工具,长年受到阳光、风沙、雨雪、温差、大气污染物、化学品等影响,涂面受到的侵蚀程度既复杂又严重。光靠简单的水洗不能将其消除,而要进行翻新抛光处理,通过摩擦和抛光来消除涂面的缺陷。

(2)新喷涂面抛光。全车喷涂面漆或部分喷涂面漆过程中可能产生各种缺陷,如流痕、粗粒、橘皮、发白、失光、丰满度差,以及局部喷涂时飞溅于旧涂面的漆尘和新旧涂膜交界处的痕迹均可通过抛光处理得到及时的纠正。

二 打蜡

1. 打蜡的作用

汽车漆膜经过抛光后,一般均需在其表面打蜡,蜡质在漆膜表面干燥后会形成一层薄的保护膜,该保护膜可以反射阳光中的紫外线,降低对漆膜的破坏。蜡质的光滑度能有效防止水分子对涂膜的渗透并具有抗污能力。蜡膜有一定的硬度,可减轻漆膜被划伤的程度。蜡膜的光泽能提高涂膜的光泽度、丰满度,弥补抛光处理后的不足。

2. 常用的抛光剂和车蜡的类型

(1)抛光剂的类型。抛光所使用的材料主要是由大小均匀的细微砂粒组成。其形态有粉末状、软膏状(不流动)、稀泥浆状(流动)。根据组成,有微细砂粒粉末;有硅藻土、矿物油、蜡、乳化剂、溶剂混合而成的软膏;有微细砂粒与蜡、硅氧烷、溶剂组成的混合液,以及不断涌现的含还原剂、去污剂、釉剂而不含蜡、硅氧烷的新型高质量抛光剂。按抛光剂材料颗粒大小大致可分为粗、中等细度、超微细粒子。

(2)含研磨剂蜡。该蜡为黏稠的乳状物,内含抛光剂和蜡,具有抛光和上蜡的双重功能,可消除涂膜表面泛色、轻微划痕及抛光后产生的光环,是一种抛光、上蜡二合一的用品,既可作为抛光使用,也可作为上蜡使用。

(3)几种常见的保护性封蜡。

①油脂型保护蜡。蜡膜呈半透明状态,可形成极硬的保护层,多用于长途海运的出口汽车,即使海水飞溅于涂有封蜡的车体表面,也不能对其造成任何损害,并可防止双层托运车在途中遇到树枝或其他人为因素所造成的轻微损伤,保证在修复后一年内不受其他有害物质的侵蚀。

②树脂型保护蜡。蜡膜呈半透明状态,主要用于短途运输的汽车,可以为车身提供一年以上良好的硬质保护层,这层保护膜在厚度上大约是油脂保护蜡的1/3,能防止使用过程中的人为轻微剐伤,但无法抵御含有盐类成分溶液(如海水)的侵蚀。

③硅油保护蜡。蜡膜呈透明状态,为刚涂装后的汽车提供短期的保护层,能有效防止紫外线、酸碱气体、树汁、虫屎、树枝抽打等一般的侵害,对于含盐、碱成分的液体的侵害或使用过程中的剐蹭无法起到很好的保护作用。

(4)开蜡。新车下线,为了避免在露天停放或运输中风吹雨淋、烈日暴晒,必须进行喷蜡覆盖保护,以防涂层表面受侵蚀老化。但在新车交付正常使用后,这层保护的蜡必须除去。这是因为这层保护蜡影响汽车涂层的光泽,原车光泽80%左右被遮盖。这层保护蜡不除,在汽车行驶时,尘埃极易附着车身表面,这是因为保护蜡含油脂成分较多,易黏附灰尘。

开蜡的溶剂如下:

①油脂开蜡洗车液。市场上80%的产品属于非生物降解溶剂,主要原料是从石油中提炼的,使用时应注意劳动保护。

②树脂开蜡洗车液。属于多功能轻质水溶型清洁剂,含有树脂聚合物的溶解元素,渗透性较好,使用起来比较安全。

③强力脱蜡洗车液。属于生物降解产品,主要是从天然橙皮中提炼的,含有阴离子表面活性剂,泡沫丰富,分解性较好,因此成本也较高。

(5)开蜡需要的工具如下。

①专用洗车海绵。这种中密度海绵包容性极好,在清洁车身过程中能将沙粒及尘土深藏于气孔之内,避免因擦洗工具过硬而给车身造成划痕,配合高润滑型阴离子表面活性剂(高泡洗车液)更可保证操作中万无一失。

②高密度纯棉毛巾。质地比较柔软,即使清洁车身后表面仍存有少量泥沙,开蜡过程中也不会对漆面造成较大伤害,所以纯棉毛巾应是开蜡过程中必不可少的重要工具之一。

③塑料异形刮板。这种刮板质地较软,具有一定韧性,加之垫有纯棉毛巾,所以操作时不会对漆面造成任何损伤。擦车时可用此刮板清除手指触及不到的地方,如板块连接处、车标等。

④防护眼镜。防止施工时药剂飞溅到眼睛里。如万一有类似现象发生,应立即用清水冲洗,情况严重者应马上就医。

⑤橡胶手套。因多数开蜡液均属轻质型煤油类产品,渗透分解性极强,对皮肤有害,所以应使用橡胶手套采取防护措施。

(6)开蜡的操作程序。

由于保护蜡的种类不同,进行开蜡时所采取的操作步骤也不尽相同。

油脂型保护蜡的开蜡程序如下:

①用高压水枪将车身大颗粒泥沙冲洗干净,然后用配制好的开蜡洗车液清洁车身,冲洗后无需擦干。

②将油脂开蜡洗车液装在手动喷壶或气动喷雾器内,然后均匀喷洒于车身。

③闪晾3min后,喷洒少许清水,用半湿毛巾按顺序全车擦拭,然后用配制好的脱蜡洗车液将全车清洗,冲净后无需擦干。

④将油脂开蜡洗车液再次喷洒于某一板块,闪晾1min后,用半湿毛巾再次擦拭。

⑤最后验车时,应将车身连接缝隙处残留的封蜡清除干净,并将全车外表用开蜡洗车液再次清洁,擦干后打蜡即可。

树脂型保护蜡的开蜡程序如下：

①用高压水枪将车身大颗粒泥沙冲洗干净，然后用配制好的开蜡洗车液清洁车身，冲洗后无需擦干。

②将油脂开蜡洗车液装在手动喷壶或气动喷雾器内，然后均匀喷洒于车身。

③闪晾3min后，喷洒少许清水，用半湿毛巾按顺序全车擦拭，然后用配制好的脱蜡洗车液将全车清洗，冲净后无需擦干。

④将油脂开蜡洗车液再次喷洒于某一板块，闪晾1min后，用半湿毛巾再次擦拭。这时此板块残留封蜡应可完全清除，然后用开蜡洗车液清洁。

⑤最后验车时，应将车身连接缝隙处残留的封蜡清除干净，并将全车外表用开蜡洗车液再次清洁，擦干后打蜡即可。

硅油新车保护蜡开蜡程序如下：

①用高压水枪将车身大颗粒泥沙冲洗干净。

②将强力脱蜡洗车液用喷雾器均匀喷洒于车身。

③用洗车海绵按汽车板块顺序将全车快速擦拭。

④最后用高压水枪将车身擦掉的蜡质及污物冲净，擦干后打蜡即可。

(7)开蜡时的注意事项。

①进行开蜡工序前，必须将全车外表清洁干净，以免操作时因车身携有沙粒给漆面造成划痕。

②将开蜡液喷涂车体后要稍等1～3min，让它软化一段时间。

③开蜡中所使用的毛巾应不断清洁，以保证清除掉的封蜡不致存留于毛巾上太多而不便于继续施工。

④如在擦除封蜡过程中发现“吱吱”的响声，说明毛巾中存有沙粒，应立刻停止施工，清洗干净后才可使用。

⑤在开蜡后要把车冲洗干净，不留任何开蜡液或保护蜡。

⑥封蜡停留于车身表面两年以上的车辆，应在开蜡后进行抛光，然

后打蜡。

⑦因开蜡后新涂膜暴露在外,容易受到氧化,所以应使用耐候性较好的上光蜡进行保护。

二 抛光打蜡工艺

要得到高质量的涂面,除了涂料本身质量好以外,掌握正确的抛光打蜡工艺也是非常重要的。抛光剂、车蜡的种类很多,性能各异,只有根据涂面状况和使用环境来正确选用抛光剂和车蜡,才能取得最佳效果。

1. 抛光工艺

(1)整车抛光工艺。整车抛光既有旧车涂面翻新抛光,也有新喷涂面抛光。新喷涂面应在漆膜实干后进行抛光,自干性涂料在喷涂后8~16h进行,双组分涂料应在喷涂后,烘烤温度65℃(车身金属温度为准)时间约35min或风干36h(但不建议风干),手指压表面而没有产生手指印后进行抛光。一般采用二次抛光处理法效果较好。在抛光前若是旧车涂面,则应用水将车身表面的泥沙冲洗干净,以防在抛光时损坏涂面。

①第一次抛光。首先用半弹性垫块衬P1500水砂纸打磨,然后再用P2000~P4000海绵砂纸,轻轻地把流痕、凸点、粗粒、轻微划痕打磨平整,再按顺序将整车打磨一遍,使涂面均匀无光,注意不要磨穿漆膜层。清洗涂面并擦净、干燥后,用布块将全能抛光剂均匀地涂于涂面,机械抛光应将抛光机的转速调至1000~1500r/min为宜,将抛光机的羊毛平放在涂面上,然后均衡地向下施加压力。从车顶开始抛光,在涂面上有规律地沿水平方向来回研磨,研磨区域不宜过大,要一块一块地进行,每一块区域长60~80cm,宽40~50cm,涂面逐渐呈现平滑与光泽,即可用干净的抹布把涂面上的多余抛光剂擦净。若发现某部位涂面还不能达到质量要求时,可重复研磨直至达到质量要求。研磨时要特别注意折线、棱角及高出底材的造型涂面,这些部位的涂膜相对较薄,研磨时触及机会较多,要特别注意不要磨穿涂膜,平面部位较圆弧面不易起光

泽，应适当增加研磨次数。

②第二次抛光。用干净的软布擦净前道抛光残留物，摇匀釉质抛光剂，用软布或海绵将其均匀涂于漆膜表面，停留60s后用手工或机械方法抛光，机械抛光应将海绵盘转速保持在1000～1500r/min，抛光时应按一定方向有序进行。不要用羊毛盘进行第二次抛光。手工抛光时应水平直线运动进行抛光，直到涂面擦亮即可，最后无论是机械抛光还是手工抛光都应用干净的软布擦净涂面。经釉质抛光剂抛光后，涂面亮度高、丰满度好，保持时间可达1年。

(2)补涂施工中的局部抛光。根据局部抛光所起的作用，可分为喷涂前补涂部位外围旧涂膜抛光和喷涂后补涂部位抛光。

①喷涂前补涂部位外围旧涂膜抛光。使用抛光剂时应选用不含蜡、硅氧烷的粗抛光剂。抛光时倒少许于软布上，用力在补涂部位外围旧涂膜上来回研磨，去除旧涂膜表面的氧化层、泛色层、蜡等一般清洁剂不易擦净的脏物，抛光处理的面积尽可能大一些，一般遵循处理面宜大不宜小，以给补涂时留出足够的伸缩余地。

②喷涂后补涂部位的抛光。应在涂膜完全干燥后，使用细度抛光剂或超细抛光剂进行抛光。采用手工处理方法，倒少量抛光剂于软布上，在补涂部位四周接口处，按补涂部位向旧涂面部位同一方向抛光，抛光力度不宜过大，抛光程度不宜过深，防止产生补涂边缘线形痕迹，使涂面达到光泽柔和程度即可。

2. 打蜡工艺

(1)打蜡前对涂面及施工环境的要求如下。

①旧车涂膜保护性打蜡1～2个月进行一次，也可3～4个月进行一次，这主要根据使用情况而定，一般可通过目测或用手触摸涂面有发涩感，即需进行打蜡。

②旧车涂面粘有灰尘、泥沙、旧蜡，打蜡前应使用专用清洗液清洗干净，防止泥沙在上蜡时划伤涂面，旧蜡会使局部新蜡膜附着不牢。

③若旧车涂膜已氧化、泛色或有划痕，应清除后才能打蜡。

④新喷涂膜表面的流痕、橘皮、粗粒、划痕,应通过研磨、抛光处理后才能打蜡。

(2)蜡的选用。

①根据汽车涂膜颜色,可选用彩色蜡。

②根据汽车涂面状况,金属漆可选用金属漆三重蜡、钻石蜡。

③根据使用环境,热带、雨季可选用水晶蜡。

(3)机械打蜡。机械打蜡时使用轨道抛光机,效率高、质量好,不易产生划痕。打蜡时将液体蜡摇匀后画圈似的倒在打蜡盘面上,每次以 $0.5m^2$ 的面积顺序打匀,直至打完全车身。待蜡凝固后,将干净、无杂质的全面抛光蜡盘套装在打蜡机上,开机后调节转速并控制在 1000r/min 以下,然后将打蜡机抛光盘套轻轻平放在涂面上,进行横向与竖向覆盖式抛光,直至涂面靓丽为止。

(4)手工打蜡。若是乳状蜡应将其摇匀,然后倒少许于海绵或软布上,涂蜡时以大拇指和小拇指夹住海绵,以手掌和其他三个手指按住海绵,每次涂蜡以 $0.5m^2$ 的面积为宜,力度均匀地按顺序擦拭。从前到后、从左到右,蜡膜要涂得薄而均匀,根据每种车蜡的说明,稍后用干净的软布擦净即可。

(5)打蜡上光。为了更好地对汽车涂层加以保护,可定期地在车身涂膜上打一层上光蜡,这样可以提高涂膜的光泽,还可以对涂膜提供进一步的防护。

上光蜡的选择。选蜡应根据车身涂层保护的需要进行,尽量根据车蜡的不同功效结合车身涂层的特点精心选择,车身涂层面较靓的轿车要用蜡质精细、颗粒细小的名牌车蜡,这样效果会更加明显。

①固体蜡。固体蜡有硬蜡、软蜡之分,主要成分为软化点不同的石蜡、油脂等。硬蜡持久性好但施工费力,软蜡持久性差但施工省力。固体蜡的价格较低,但附着力较差,必须等蜡彻底干透后才能附着在车身涂层上,由于它一般为脂性物质,含油量较高,不易干,需要 3 ~5h 才能彻底干透,在未干时很容易粘上尘土及其他空中尘埃。同时,它的熔

(化)点低,一般在40℃时就熔化了,因此,在三伏天,传统蜡的保持时间非常短。

②液体蜡。液体蜡的主要成分是聚乙烯乳液或聚硅氧烷类高分子化合物,并含有油脂成分,能提高涂膜的亮度,但是遇水容易分解、寿命短、硬度低、不耐摩擦。多次的打蜡、研磨又会使漆面磨损而无光泽。

③新车保护蜡。含有大量高分子聚合物成分,常见的是"特氟隆",它有很强的抗氧化、抗腐蚀功能,涂抹一次一般能保持一年之久。

上光打蜡的步骤如下:

①在给车身涂蜡时,一定要先进行表面清洗,确保表面清洁。因为车身表面有灰尘的话,涂蜡后,在抛光时就会把灰尘挤进涂层去,或在车身表面起研磨作用,划伤或磨花表面涂膜。

②必须采用质量优良、与表面涂层相适宜的车蜡。现在的车蜡多为液体蜡,使用前将其摇晃均匀,将少许倒于湿布或海绵上小面积旋转,在车身涂层表面擦拭,稍干后,再用软洁布反复擦干即可。

③很多人给车身打蜡都习惯性地以圆圈方式进行,这是不正确的方法。正确的打蜡方式是以直线方式,横竖线交替进行,再按雨水流动的方向打最后一道,这样才能达到减少车身涂层表面产生同心圆状光环的效果。

④不要在阳光的直接照射下打蜡,操作时应在阴凉处为妥。否则,车蜡会在阳光下发生变化,使车身出现斑点。

⑤上蜡后,要等车蜡干燥一会儿后再进行抛光,不要刚打上蜡就抛光,要让车蜡能够在车身表面有一定的凝固时间,最少要在30min左右。但有人认为等蜡完全干燥后再擦净比较好,这也是错误的。上蜡后要在蜡半干不干、尚未干燥白化时擦净。因此,上蜡的操作必须顺着车身钣金一片一片地进行,切不可先将车身全部上好后,再一次擦掉,这会使涂层表面的色泽深浅不一,非常难看。还要注意,没有抛光前,不要开车上路,否则,空气中的灰尘就会黏附在车蜡上,在抛光时划伤或磨花表面漆层。

⑥如果车身表面上的涂料已经褪色或氧化,必须在清除掉旧的和氧化了的涂层后,才能打蜡。

⑦涂蜡时尽量采用软质的、不起毛的绒布或棉絮进行均匀涂抹。

四 车身的冲洗

在车辆使用过程中,清洗是汽车涂层日常养护的重要环节。车子行驶时,饱受阳光辐射、酸雨侵蚀,时间一长会有大量腐蚀性污垢,如水泥、油脂、黏液、沥青、树叶、昆虫等形成顽固污渍,继而易使涂层表面暗淡无光、涂层质氧化,缩短汽车涂膜的寿命,因而需要及时进行清洗。

雪停后应立刻擦车,即使天气预报显示未来的几天内还会下雪,也不要拖着不擦车,只用清水将雪冲掉对车也是有益的。雪中含腐蚀性物质,无论是涂层表面、底盘还是轮胎、轮毂,长期被雪覆盖都会造成伤害。

淋雨之后也应及时擦车。因为随着工业化程度的提高,越来越多的工厂排放出的烟气中含有大量的二氧化硫及氮氧化物,它们和空气中的水结合形成硫酸、硝酸,在空中的云层中形成酸雨。雨后车身上的雨渍会逐渐缩小,使雨水中酸性物质的浓度逐渐增大,腐蚀性越来越高,如果不尽快用清水冲洗雨渍,久而久之就会损害涂层表面。另外酸雨对底盘的危害较易被人忽略。其实当大雨过后,虽然汽车表面的雨水很快就会消失,而底盘积水挥发的时间则十分缓慢。况且很多人冲洗汽车时只考虑看得见的车身,对于底盘则不太在意,使其成为酸雨腐蚀的对象。所以在清洗车身涂膜的同时也要注意对底盘的维护。

还有许多其他的工业污染如喷洒在树木上的杀虫剂、农药、工业尘埃等,对漆面都有伤害,需要及时地将这些污垢清洗干净。

汽车清洗看起来简单易行,但实际操作起来,如果不遵循一定的规范,就很容易将车洗坏,从而达不到清洁的目的,反而损伤了汽车的面漆。

不要使劲用掸子擦车身。很多驾驶人习惯性地用掸子擦前风窗玻璃、拂拭车身涂层表面的灰尘,这其实是自欺欺人的做法。掸子里夹带了大量的沙尘,车主每天用同一把掸子擦车,就如同用锉刀在车身涂层表面上蹭,亲手在车面漆上制造细微的划痕。

第八节 修补工艺

一 车身的局部修复

塑性腻子可用于大多数金属板件的修复。要想把弯曲或拉伸了的金属部件恢复到最初精确的形状和尺寸需要花费大量的时间,甚至在许多情况下还不可能实现。当运用正确的钣金操作技术恢复了受损部件的基本形状,剩下的表面缺陷就可以简单地用一层腻子覆盖上了。需要特别注意的是腻子的使用方法以及使用前的准备工作。如果腻子的调制和使用方法不正确,将会严重影响车身表面涂层的质量和修理部位的各项指标。

使用塑性腻子是将受损板件恢复到原有形状的一种快捷和廉价的方法。在使用腻子之前应先使用诸如敲击、撬、撑拉等基本的钣金修理操作使车身受损变形的部位恢复合适的形状。被拉伸的金属板件应该使用加热的方法消除其应力,而突起的点应使其凹下去。当板件上突起的部位被锉平后,还应将凹下的部位敲起来。使用腻了之前,应焊接好所有的开口、裂痕和接缝。传统的腻子都具有一定的吸湿性,它们会像暴露在潮湿的环境下的海绵一样吸收潮气,而潮气穿过后会形成锈蚀,最终锈蚀将会彻底破坏腻子层和金属层的结合。

腻子和二道浆可用于诸如击痕、裂痕、锈蚀以及锈穿等小缺陷的修补。然而,值得注意的是,这些塑性腻子都有一定的局限性。车身上一些面积较大的板件,如发动机罩,操作面板,以及车门等,在车辆行驶过程中经常会受到强烈的振动。使用塑性腻子修补这些部位时,如果修补面积过大或覆盖层过厚,行车时产生的振动将会导致腻子层开裂,甚至脱落。

使用腻子时还需要注意单一车身框架中的结构板件。例如后侧板和顶板等部位在车辆行驶时吸收来自地面的冲击和挠曲转矩。如果在这些部位使用过多的腻子,腻子会受板件的表面应力作用,出现覆盖层脱落的现象。此外,在车身其他的一些振动表面上,较低的后轮罩,和其他容易受到飞石撞击的部件也要少用塑性腻子。在突出的车身轮廓线,翼子板或车门的边缘,以及其他容易被剐碰和撞击的边角处,不要使用腻子进行修补。

二 刮伤的修复

大多数送进车身修理车间的车辆都需要进行各种涂层小缺陷的修理。一些常见的小毛病,例如粉化或磨痕,可以用抛光膏清除掉。另外还有一些剐痕虽然深到不能用抛光膏擦掉,但并没有伤及金属表层,可以用中涂层涂料修补。

1. 表层的预处理

用清除蜡和油脂的清洗液清洗干净待修理的部位,然后轻轻地打磨被划伤区域。如果需要打磨的面积较大,可以使用打磨板,当打磨面积较小时,可以用一块 P240 砂纸叠成三层来用。应把表面涂层打得稍微有一些粗糙,以使中涂层和新喷涂的底层涂料可以牢牢地附着到旧的表面涂层。粗磨完后,用压缩空气或软棉布将打磨部位清理干净,并用黏性抹布擦拭一遍。

如果剐痕是出现在面积较大的板件上时,可以先用底层填实涂料填补修理部位。使用可喷涂式聚酯底层涂料可以填补 15μm 的深度。另外还可以采用中涂层进行修补。

按照中涂层涂料包装上的使用说明,将其涂在干净的成形橡胶刮板的边沿。很少的中涂层涂料可以刮延成一长条。使用合适的压力,将中涂层涂料刮抹到修理的部位。必须使用橡胶刮板,而且刮板抹的动作一定要快。刮抹时只能朝一个方向,不要反复刮抹同一部位。如果反复刮抹,会把中涂层从车身表面带下来。

应让中涂层完全干燥。干燥时间随中涂层的厚度而定，一般为20～60min。要想获得最佳的效果，应让中涂层晾一晚上再进行打磨。如果中涂层还没有完全凝固就进行打磨，就会导致表面涂层产生砂痕。

2. 打磨中涂层

等中涂层干透后，使用P240砂纸打磨修理区域。湿打磨可以防止修理表面产生更多的剐痕。使用打磨块可以防止由于手指的压力而产生凹点。

打磨时，可以用手掌在涂过中涂层的部位感觉该表面有无突起。打磨后，应将打下来的粉末冲洗干净并把表面擦干，然后用黏性抹布再擦一遍修理表面。

检查用中涂层修补过的剐痕有无凹点没有填上。如果剐痕还需要更多的中涂层进行再修补，可以重复上述操作。当原来有剐痕的表面看不到任何缺陷以后，就可以准备好喷涂底层涂料和面层涂料了。

3. 中涂层的修补

当剐痕已用中涂层涂料修补过且被打磨得与周围板件齐平之后，修理部位还必须进一步打磨平滑，以便喷涂底漆。使用水、打磨板和P400砂纸对中涂层涂料修补好的剐痕进行最后的打磨处理。湿打磨可以防止由于砂纸阻塞而产生额外的砂痕。而使用打磨板可避免修理表面出现凹点。打磨时用力要小，且打磨板在修理表面一次移动的距离应尽量长。不要集中在一个地方反复打磨，以免造成打磨过多，形成凹点。打磨产生的凹点必须使用中涂层涂料再修补。

当打磨到满意的光滑程度后，冲洗干净打下来的粉末并把表面擦干。然后用黏性抹布再擦一遍修理部位。当修理表面已经干燥和没有灰尘之后，就可以在整个修理区域喷涂一层中等厚度的底层涂料了。等底层涂料闪蒸或表面干燥5min左右之后，用P400砂纸对底涂层进行湿打磨。反复进行这一过程，直到修理部位像玻璃一样光滑，就可以进行表面喷涂了。

三 裂口的修复

轻微的碰撞或剐蹭通常会在车辆表面留下裂口或剐痕。过往车辆带起的飞石会使车身表面的涂层破裂，暴露出下面的金属板。而侧碰也会造成剐痕或表面擦伤。无论何时暴露在空气中的裸露金属，都应该先使用底层涂料阻止其产生锈蚀，然后再喷涂新的表层涂料。

1. 打薄周围旧的表面涂层

将表面清洗干净之后，修理裂口和深剐痕的第一步工作是将剥蚀了的涂层毛边打磨光滑，这通常称为将边缘打薄边。将涂层的边缘打磨出一定的坡度，使涂层和金属表面逐渐融合过渡。

使用 P80 的砂纸和双动打磨机可以很快地将表面涂层的剥蚀和裂口的边缘打薄。对表面密的小点，可以使用打磨板来打磨。应将旧的边缘打磨出极小的坡度。当用手触摸打磨的部位感觉比较光滑时，改用 P180 或 P240 砂纸将刚才打磨造成的砂痕打磨掉。

2. 喷涂底层涂料

将涂层开裂部位的四周打磨光滑后，用磷化底漆清洗干净金属表面。绝对不能让裸露的金属表面暴露在空气之中！否则空气中的水分会很快导致金属表面产生锈蚀。锈蚀层会接着变厚和鼓成小包，最终导致涂层彻底破坏，使得该部位不得不重新打磨，再修理一次。使用铬酸锌盐基底层涂料覆盖裸露的金属表层可以防止产生锈蚀，并能保证表面涂层良好的黏合。

将打磨下来的粉尘吹掉后，再用黏性抹布擦干净。然后喷涂一层底层填实涂料填平该部位。等完全干燥之后，再用灰色底漆喷涂一层雾状涂层，接着用打磨板进行打磨，如果发现有凹点，使用中涂层涂料将其填平。

3. 喷涂最后一层底层涂料

要想使修理表面获得特别光滑的效果，必须进行打磨和喷涂底层。应使用 P400 砂纸和打磨板进行湿打磨。打磨时每次运动的距离应尽可能长和直，以免产生凹点。打磨曲面时，注意应用掌心轻轻地握住砂纸或使用柔性打磨机。

清洗干燥之后，再用黏性抹布将打磨过表面擦拭干净。然后，喷涂底层涂料，应覆盖住涂抹二道浆的全部部位和周围几厘米的旧涂层。让涂层闪蒸（表面干燥）5min 左右，然后用水和 P240 砂纸轻轻地打磨。再重复进行上述清洗和喷涂底层的操作一次或者两次。在两个涂层之间，使用 P400 或 P600 砂纸小心进行湿打磨，可以获得非常光滑的表面。接着就可以进行外涂层漆喷涂了。

第九节 塑料底材的涂装

由于塑料件涂装与传统的汽车修补漆施工工艺差别较大，具有特殊性，所以单独来详细讲解。

近年来，在汽车制造业中，塑料零部件制品使用越来越广泛，目前在每辆轿车中的应用平均已达 20%（质量比）。由此可见，在汽车涂装与修补作业中，对塑料制品的喷涂与修补是必不可少的。

一 汽车常用塑料种类

塑料产品种类繁多，能应用于汽车制造业的大致可分为两类：热塑性塑料和热固性塑料。正是两种塑料的不同特性决定了他们在汽车上的不同应用。

下面介绍几种车身塑料产品的鉴别方法。

（1）查看压制在塑料部件上的 ISO 代号，一般在零件拆下后就可看到所标的代号。

（2）燃烧鉴别。切下一小片塑料，用镊子夹住在火中燃烧，查看其火焰颜色、燃烧情况，并闻气味。如 PVC 塑料受热后易熔化，燃烧时火焰呈绿色或青色，有盐酸味。聚烯烃类塑料在燃烧时的火焰没有明显的烟雾，有蜡的气味。聚醋酸纤维素类塑料经点燃后有醋酸味。ABS 塑料燃烧时有明显的烟雾产生。

(3)焊接法。塑料焊条能与之焊合的即为此种焊条类型的塑料品种。

(4)敲击法。用手敲击塑料制品内侧,PU塑料声音较弱,PP塑料声音较脆。另外PU塑料用砂纸打磨后没有粉末,而PP塑料有粉末。PU塑料易被划伤,PP塑料不易划伤等。只有确定了塑料品种的制作材料,才能正确地选择合适的涂料品种对其进行涂装、修补。

二 塑料表面涂装的注意事项

由于塑料本身具有优良的防腐能力,在涂装施工中,不需要对颜料产品进行表面的防腐处理。目前使用于汽车制造业的塑料制品中,绝大多数塑料在100℃以上的高温易变形,漆膜的附着力差,受到溶剂的侵蚀会软化或龟裂。而且各种塑料制品的用材不同,特性各异,因此,塑料制品的涂装与金属表面的涂装有较大的差异,在涂装中应注意以下几个方面:

(1)涂料的选择应符合塑料制品的特性。

(2)在汽车维修业中,如需对塑料制品进行修补,容易拆卸下的部件最好能拆下后再涂装。否则一定要把周围的部件用汽车专用罩纸遮盖后再涂装。

(3)在修补涂料中根据塑料的柔软程度加入柔性添加剂,而添加柔性添加剂的面漆不宜抛光。但只要施工方法正确,干燥后都能获得很好的光泽。

(4)在对玻璃纤维部件进行修补时必须特别注意,由于它比较疏松且多孔,打磨时要小心,不要磨穿表面的胶衣层,以防止喷涂时涂料的溶剂被吸收。

三 塑料表面涂料的选择及涂装工艺

1. 塑料表面涂料的选择

涂装时的涂料选择要根据塑料底材的性质和其对涂层性能的要求

而定。如聚苯乙烯、ABS、聚碳酸酯塑料的耐溶剂性较差，不宜使用溶剂溶解性强、干燥较慢的涂料。热固性塑料不存在溶剂的溶蚀问题，能适合它们的涂料品种较多。

下面介绍几例塑料制品较合适的涂料，以供参考。

(1)ABS 塑料。热变形温度 70 ~170℃，酮、苯和酯类溶剂能溶解，醇类和烃类溶剂都有溶蚀作用。适合使用的涂料有热塑性丙烯酸涂料、环氧、醇酸及硝基漆等。

(2)PVC 塑料(聚氯乙烯)。属于通用型塑料，用途广泛，有硬质和软质不同系列的塑料制品。一般可采用聚氨酯涂料，普通用途的硬质 PVC 采用丙烯酸酯涂料或聚乙烯醇缩丁醛涂料、过氯乙烯涂料。

(3)PU(聚酯)和 EP(环氧)塑料。这类产品抗冲击强度大，能耐各种化学药品。可选择热塑性丙烯酸醋涂料、环氧或不饱和聚酯涂料，耐候性要求高时可选择双组分丙烯酸聚氨酯涂料。

(4)PA(聚酞胺)和 PBT(聚对苯二甲酸丁二醇酯)塑料。这两类塑料是具有优良的力学性能的工程塑料，涂料可选用丙烯酸酯或其改性涂料、聚酯涂料、聚氨酯涂料或胺固化环氧涂料。

2. 塑料制品的涂装

大多数的硬塑料部件不需要使用底漆，涂料本身的附着力足以很好地黏附在其之上，但对于聚丙烯(PP)、聚对苯二甲酸丁二醇酯(PBT)、甲醛(POM)等则需要使用底漆。尤其是聚丙烯，涂装前不仅要进行很好的表面预处理，还需喷涂专用底漆，以增强面漆对被涂表面的附着力。

大多数的软性塑料制品的涂装需在底漆中加入柔软剂(应与面漆配套)以保证涂层柔软，并保证不会产生开裂现象。塑料制品的涂料施工，在喷涂前均应对制品表面进行表面预处理，其修补工艺流程为整形修理→清洁→表面粗化→除静电→喷涂底漆→打磨底漆→喷涂面漆。其工艺如下：

(1)塑料件的表面预处理。塑料制品在喷涂前，必须进行表面预处理，其质量直接影响修补质量。表面预处理有下列几种方法：

①溶剂清洗法。用涂料供应商提供的专门溶剂是最方便的办法,也可以用三氯乙烷采用喷、刷等方法对塑料制品表面进行处理,此方法对有机物的清除效果较好,但易造成环境污染,使用时必须注意。

②打磨处理法。手工或机械的方法对塑料制品表面进行打磨粗化,达到增强涂层与底材附着力的作用。此方法简单实用,缺点是粉尘污染较大。

在以上任何一种处理后,均应对表面进行除静电,可以用一块布蘸专用塑料除静电液擦拭,另一块布进行清洁。

(2)塑料件喷涂。

①车内外硬塑料制品喷涂。硬塑料件的喷涂大多数不需要使用底漆或中涂漆以及封闭剂,应选用的底漆为丙烯酸涂料或聚氨酯涂料。特殊塑料的喷涂需使用底漆和中涂漆,应与面漆配套。切记不可使用磷化涂料、侵蚀底漆、金属处理剂和柔软剂。

②外用塑料制品的施工方法。清洁塑料件,用脱脂剂擦拭干净待修补区域(如有损坏部位应用腻子修补平整),修补区域用P400砂纸粗化表面,修补区与旧涂层接口部位用P600以上细砂纸打磨粗化,完工后将表面擦拭干净,喷涂面漆。

③汽车内用硬塑料制品的施工方法。先确定塑料制品所用材料的质地,如其制品为硬质或刚性的ABS塑料,施工时不宜使用底漆、中涂漆和封闭剂。合适的涂料品种应用热塑性丙烯酸涂料。

操作程序:清洁;修补区域用P400砂纸打磨粗化,旧涂层接口部位用P600以上细砂纸打磨或用粗蜡擦拭(制品如有损坏应用腻子修补平整);用脱脂剂擦拭表面;喷涂面漆,有纹理的塑料制品喷涂时不宜太厚,否则会失去纹理,影响整个修补区域的质量,或者在面漆中加入纹理添加剂形成纹理,使用时严格按照供应商的要求进行。

(3)汽车内外用软塑料制品的喷涂。软性塑料涂装难度较大,比如聚丙烯塑料制品就是一种难黏、难涂的材料。

汽车外用聚丙烯塑料的最常见部位为保险杠,这里简单介绍施工方法及操作程序。

①清洁。先用中性洗洁剂清洗需修补部位，再用清水清洗干净，并用菜瓜布打磨修补区域，干燥后用脱脂剂脱脂。

小面积损坏处修整。用合适的腻子填补（严格参照供应商要求），用 P320 砂纸打磨，再用 P400 ~ P600 砂纸磨平，脱脂。注意不能用水磨腻子。

②底漆的喷涂。喷涂塑料底漆，若塑料底漆是无填充性的底漆，建议再喷涂一次中涂底漆（注意一般可能要添加柔软剂）以填平划痕、砂眼、针孔等细小缺陷。等其干燥后，用 P400 ~ P500 对处理表面进行干磨，整平表面。

③面漆的喷涂。一般有两种方法。一种方法是用双组分丙烯酸聚氨酯涂料，严格按照供应商要求喷涂调配，必要时加入柔软剂，并使用纹理添加剂产生纹理。另一种方法是用乙烯基涂料喷涂，这种涂料经稀释剂调整及喷枪的压力调整，干燥后会形成皮鞋状纹理，类似有纹理的维尼龙的外观，亦可作为无光面漆，用来加重条纹和喷涂无光发动机罩。如需要调配颜色，使之能与原件相符，干后宜用调配成与原色漆相吻合的丙烯酸漆或磁漆再喷涂。

乙烯基涂料的喷涂程序如下：

清洁表面，使之无油、蜡、尘灰等污物（可用合适的溶剂清洗），用干净棉布擦拭清洁。PVC 专用表面调整剂处理（强溶剂有很强的渗透性），软化 PVC 表面且能使其有轻微的溶胀，能增加涂料附着力，操作方法是用干净棉布或绒布蘸上调整剂擦涂到制品表面，60s 以后，在调整剂未完全干燥之前，用干净的棉布将表面擦拭干净（顺一个方向擦拭，不要来回往复），再涂 PVC 专用涂料。

喷涂乙烯基涂料时，应按供应商提供的技术要求配制和喷涂涂料，喷涂不宜太厚，能达到遮盖即可（喷涂气压为 0.15 ~0.17MPa），涂层太厚会失去纹理。稍干后喷涂一层透明乙烯基涂料层。如需无光或亚光可再喷涂一层无光或亚光漆，干燥后装配。

第五章　车身涂装质量检验

涂装是指将涂料涂覆于经处理后的被涂物体表面上，再经过干燥成膜的工艺过程。

涂料本身只是半成品，只有通过不同的施工方法，将其涂覆在被涂物上，待干燥成膜后才能成为装饰和保护材料。

第一节　涂料的质量检验

汽车涂料产品的质量，与汽车涂装质量密切相关，因此涂料生产厂在涂料产品生产过程中和生产完毕后，要对其进行严格的检验，保证产品的质量满足各项规定的技术指标的要求。

涂料检验是对涂料产品或生产过程的一个或多个特性进行测量、检查、试验或度量并将结果与规定要求进行比较，以确定每项特性合格情况所进行的活动。

一　涂装技术标准应用及测定方法

我国涂料产品品种很多，各种车型、汽车的各个部位对涂层的要求也不相同，因此在选择和检验涂料品种时，除了参照涂料的化学组成、技术性能指标以外，还要根据被涂装物的材质、涂装目的、被涂装物的涂装要求、所处的环境、施工条件、所用涂料产品的配套性以及经济效率等综合考虑进行选择，在这个基础上再根据涂装技术标准对涂料的性能指标进行测定，并根据涂装的技术参数对涂装工艺和涂装环境进行监督检验，在涂装完工后评定涂膜的质量，才能保证得到满意的涂层质量。

二 涂料的性能检验

对涂料性能的检测，一是为了检验涂料的产品质量，防止变质或不合格的涂料投入使用；二是为了得到高质量的涂装效果，防止出现涂装质量问题。

下面介绍涂料的基本性能及检验方法。

1. 细度

涂料的细度主要是指涂料中的颜料、体质颜料的颗粒大小或分散度。涂料的细度直接影响涂膜的平整性、保护性、透水性及涂料储存的稳定性。涂料的用途不同，涂料的细度要求也不同。如面漆要求涂料要细，而底漆则要求涂料不能太细，以免影响涂膜的附着力。

GB 1724《涂料细度测定法》规定了采用刮板细度计检测涂料的细度，以 μm 为单位。

2. 固体分含量

涂料固体分含量就是所含不挥发成分的百分比，即把一定量的涂料试样在一定温度下加热，使溶剂蒸发，经焙烘后的剩余物与溶剂蒸发前的涂料试样的质量比值，用百分比表示。

涂料固体分含量的高低对涂料的用量、施工次数、涂层厚度、遮盖力等都有很大的影响。

3. 流平性

流平性就是涂料涂布于物体表面后，经过一定的时间，涂膜表面的痕迹能自行消失，形成均匀、平滑的表面的性能。流平性影响涂膜的形成质量。流平性太差，涂膜表面的痕迹不易消失，产生涂装缺陷；流平性太好，涂膜容易产生流挂、流痕等缺陷。

流平性的测定，根据 GB 1750《色漆流挂性的测定》的规定，分为刷涂法和喷涂法。就是将涂料刷涂或喷涂于平整的底板表面上，以刷纹消失和形成平滑表面所需要的时间，以分钟计。

4. 涂料的遮盖力

涂料遮盖力指色漆试样均匀地涂覆在物体表面上,使物体表面的原有底色不复呈现的最少用漆量,称为涂料的遮盖力。

如果遮盖力差,就需对被涂表面的底色进行清除封盖,增加了施工的工作量;在同样的施工条件下,遮盖力好的涂料涂布的面积大,遮盖力差的涂料涂布的面积小,用量大。影响涂料遮盖力的因素有颜料颜色、颜料颗粒的大小形状、颜料在涂料中的分散程度等。测定涂料遮盖力的方法有单位面积重量法、最小漆膜厚度法、光学仪器测定法。GB1726《涂料遮盖力测定法》采用的是单位面积测量法,即把色漆均匀地涂布在物体表面上,使其原底漆色不复呈现的最小用漆量,以 g/m^2 表示。

5. 储存稳定性

储存稳定性是指涂料在正常的包装状态和储存条件下,通过一定的储存期限后,涂料的物理性能和化学性能所能达到原规定的使用要求的程度。

(1)储存保管中的注意事项。

①涂料必须储存在干燥、阴凉、通风、隔热、无阳光直射、邻近无直接火源的仓库内。仓库的照明和电器设备必须有防爆装置,严禁管理人员携带火柴入内。仓库内应有消防器材,并有"严禁烟火"的警示牌。

②仓库内的温度一般在5~32℃为宜,温度过低,乳胶漆、水溶性涂料会冻结,无法使用,其他涂料也会暂时性地变质;温度过高,会加速涂料在储存中稠化凝胶变质,严重的甚至会报废,特别是储存一级易燃液体涂料,由于桶内溶剂蒸气压力过高,会使桶破裂,溶剂喷出,如遇明火会酿成火灾,因此仓库要有降温设备。对于储存水性涂料的仓库,冬季要有暖气加温设施。

③仓库内不准调漆,调漆场所应与仓库有一定距离,以免易燃、有毒蒸气扩散至仓库。仓库内不得存放未用完敞开口的涂料桶。用完的涂料空桶应另放在通风的场所,定期处理。严禁随地抛弃纸屑。

④仓库的位置、建筑和消防设施要符合当地公安消防部门的规定。

万一发生火灾，应立即报警，切断电源，用黄沙或泡沫灭火器施救，严禁以水灭火。

⑤许多涂料在储存期间，缓慢地进行着化学反应，慢慢稠化变质，这是正常现象。储存温度低一些，这种进程慢一些，因此对各种涂料都规定了储存期限。涂料入库应建立记录，发货时“先进先出”，避免积压过久。

⑥对库存涂料必须定期检查，发现漏桶，必须移到安全地点换桶或堵塞。严禁在库内明火补缝。对于易产生颜料沉淀的色漆，在储存过程中要定期翻堆。

(2)对储存性能的检测项目。

①结皮性。测定涂料受空气中氧化作用而结皮和涂料在包装桶中储存时的结皮情况。

②储存稳定性。在正常储存、运输条件下，要求它质量稳定，不产生严重结皮、变色、变稠、沉淀、浑浊等现象，更不能出现胶化等重大质量变化，能达到不发生以上变化的时间，称为储存期或质量保证期，储存稳定性越好，储存期就越长。

(3)检测方法。按 GB/T 6753《涂料储存稳定性试验方法》进行测定。测定储存稳定性，一种是自然条件下储存 6 ~12 个月；另一种是在(50 ±2)℃恒温干燥箱内储存 30 天。取 3 份试样分别装入带盖的密封罐中，一罐为原始试样，在储存前检查；一罐做常温储存试验；另一罐做加速储存试验。

按照规定的储存时间，将样品开罐检查并按以下评级：

结皮、腐蚀和腐败味的检测：分为 6 个等级，即 0 级为严重；2 级为较严重；4 级为中等；6 级为轻微；8 级为很轻微；10 级为无。

漆膜颗粒、胶块及刷痕的检测：分为 6 个等级，即 0 级最为严重；2 级为较严重；4 级为中等；6 级为轻微；8 级为很轻微；10 级为无。

沉降程度的检查：分为 6 个等级，即 0 级为沉淀严重，不能搅起；2 级为有硬块，能被搅起；4 级为有软沉淀，能被搅起；6 级为有明显沉淀，容易搅起;8级为有很轻沉淀,容易搅拌;10级为无变化。

黏度变化的检查:用储存后的黏度与原始黏度的比值百分数表示,共分为6个等级,即0级黏度为大于45%;2级黏度为不大于45%;4级黏度为不大于35%;6级黏度为不大于25%;8级黏度为不大于15%;10级黏度为不大于5%。

6. 活化期

活化期是指双组分或多组分涂料在使用前,按产品说明书所规定比例混合后均匀的程度及混合后可使用的最长时间,也叫做可使用期。

第二节　涂装前的表面预处理工艺的检验

在涂装前对被涂物表面进行的一切准备,称为表面预处理。它包括采用物理、化学或电化学方法,使金属或非金属材料表面的化学成分、组织结构、物理形貌发生变化,从而使涂膜更好地附着于底材之上,充分发挥涂膜的性能,起承上启下的作用,是涂料涂装的第一道工序。

表面预处理的目的,主要是清除工件表面污垢,使涂膜与被涂工件表面具有良好的附着能力,并保证涂膜具有良好的性能。污垢可分为无机污垢和有机污垢,它们的存在可影响涂膜的外观,严重的会使涂膜成片脱落。

一　涂装表面预处理的必要性

工件表面经过预处理,会无油、无锈、无其他污物,并具有一定的粗糙度,能使涂料牢固地附着在其上面。

涂装表面预处理的方法,应根据被涂工件的用途、材质、要求和表面状况,采取不同的与之相适应的处理方法。如经脱脂、除蜡、除锈的黑色金属,可首先在其清洁的表面进行磷化处理和涂抹转换涂料(金属表面转换剂),这样既可防止金属腐蚀,又能增强对涂膜的附着力。总而言之,表面处理完善,正确的施工工艺,适合的使用环境,能在很大程度上延长涂膜的使用寿命。

有实验表明:对钢铁材料进行不同方法的表面处理,经过一段实验时间后涂层的生锈情况,不经除锈涂层锈蚀可达60%以上,手工除锈涂层锈蚀达20%,而经过磷化处理的涂层仅有个别锈点。

二 涂装表面预处理的检验要求

首先要增强涂膜在底材上的附着力。附着力的强弱虽与涂料的品种及合理选择配套有关,但表面处理好坏也是一个关键,若表面不清洁,如存在水、油、粉尘、氧化皮、锈、蜡及其他污物或不牢固的旧漆膜都会使新涂层附着不牢,产生起泡、开裂脱落,使金属与空气中的有害气体、水分接触,而发生腐蚀造成损坏。所以应加强这方面的检验。

造成车身防腐层损坏的原因主要是三个方面:漆膜损坏、碰撞、违反规定的修理过程。碰撞会使保护层损坏,损伤不仅仅发生在直接被撞的部位,也会发生在间接影响的地方。焊缝会裂开,铆接点会松动,而漆膜则会破裂或脱落。找到并修复所受影响的部位是维修工作面临的关键问题。所以也应仔细检查,不能漏检。

第三节　涂装工艺的检验

涂装工艺就是按环境条件和使用要求编制一套科学的、先进的、符合环保要求的,并结合本单位的实际情况的涂装工艺规程,以指导和管理施工作业。涂装工艺要以涂膜类型的技术条件为依据,包括确定涂膜涂料品种的配套、辅助材料、工艺流水作业和涂装工序、涂装预处理、涂膜厚度、工序控制、工艺参数、操作方法以及采用的设备和工具、施工环境条件的要求和限制,生产管理和质量要求等。

一 涂膜的类型

一般分为以装饰性涂膜为主和以防护性涂膜为主两大类,具体可分为五个等级。

1. 高级装饰性涂膜(或称Ⅰ级涂膜)

具有最佳的涂膜外观,最好的装饰效果,表面丰满、平整、光滑、色泽一致、无肉眼可见的缺陷。如高级轿车车身。

2. 装饰性涂膜(或称Ⅱ级涂膜)

较Ⅰ级涂膜水平稍低,仍有很好的装饰效果,如用于装饰性较高的汽车驾驶室。

3. 保护装饰性涂膜(或称IH级涂膜)

无影响防护性能的弊病,应有较美观的外表。

4. 一般防护性涂膜(或称N级涂膜)

要求具有一般的防蚀功能,无装饰性能要求或要求较低。

5. 特殊防护性涂膜(或称功能性涂膜、一般复合涂膜)

这种涂膜对被涂物能起到特殊的防护作用。

二 底涂层的施工检验

底涂层是物体表面的基础用料,是任何组合涂层的第一层。主要作用是提供附着力和防腐蚀。作为检验人员应了解常用底涂层的特点和施工工艺,应根据工艺规范检查施工情况,杜绝不规范操作,确保施工的质量。

汽车涂层修补用底涂层应具备的特性。

(1)对经过表面预处理的车身金属表面有良好的附着力,形成的底涂层应有良好的力学性能。

(2)底涂层应具有极好的耐蚀性及耐化学品的性能。

(3)底涂层应具有优良的封闭性,即防"三渗"(渗水、渗氧、渗离子)性能。

(4)底涂层除了具有对金属的配套性外,还应具有对二道底漆、腻子或面漆层的良好配套性。

(5)汽车涂层修补中的底涂层应具有良好的施工性能。

三 腻子的施工检验

腻子是一种以颜料、填充料、油料或树脂、催干剂、溶剂调制而成的呈稠浆状的物质，以填平物体表面凹坑、焊接缝及擦伤、锈眼等缺陷，直至形成平整光滑的表面。

1. 汽车涂层修补用腻子的特性

(1)与底漆、中涂底漆及面漆有良好的配套性、不发生咬底、起皱、开裂、脱落等现象，有较强的层间黏合力。

(2)具有良好的刮涂性能，垂直面厚涂堆积性能良好，无流淌现象，有一定的韧性，附着力好，刮涂时腻子不反转，薄涂时腻子层光滑。

(3)腻子层干燥后软硬适中，易打磨，不黏砂纸，能适应干磨或湿磨以及机械打磨，打磨后腻子层边缘平整光滑且无接口痕迹。

(4)干燥性能良好，能在规定时间内干燥、打磨。

(5)形成的腻子层应有一定的韧性和硬度，轻微碰撞不会引起低凹和划痕。

(6)具有良好的耐溶剂性和耐潮湿性，否则会引起涂层起泡。

2. 快干腻子的施工检验

快干腻子俗称填眼灰、小灰等，施工中应注意如下事项：

(1)快干腻子适宜刮涂砂孔、砂痕及微小凹陷的小面积作业。

(2)快干腻子在托板上调均匀后，应迅速刮涂。

(3)快干腻子在薄涂时干燥很快，因此不能代替填充性腻子使用。

(4)快干腻子常刮涂于中涂底漆上，打磨后直接喷涂面漆。

(5)快干腻子打磨后应让其自然干燥到硬化，过早打磨会产生收缩及打磨痕迹。

四 中涂底漆的施工检验

中涂底漆在涂层组合中是在面漆之下的涂层，主要起到增强涂层间的附着力的作用，同时还起到加强底涂层的封闭性和填充细微痕迹的作

用。检验人员应熟悉中涂底漆的特性,控制涂层质量。现将中涂底漆的特性叙述如下:

(1)与底漆、腻子、旧涂层及面漆层有良好的配套性。

(2)干燥后涂层硬度适当,有良好的打磨性能及耐水性。

(3)有良好的填充性能,经打磨后以消除表面上的轻微划痕、砂痕、小砂孔等。

(4)能阻止面涂层的溶剂渗透到底涂层、腻子层、旧漆层。

(5)具有良好的防渗透性,可以提高面涂层的光泽度。

(6)汽车涂层修补用中涂底漆应具有良好的施工性能,干燥迅速,施工容易等。

五 面漆的施工检验

面漆是涂于物体表面最外层涂膜,起着装饰和保护物面的作用。面漆直接与雨、阳光、雪及有害物质(如酸、碱、盐、二氧化硫、硫化氢等)接触,是阻挡这些侵蚀的第一层,配合底漆起到对物面的保护作用。

面漆在汽车涂层修补中使用得最多。面漆施工中的特性和检验要点叙述如下:

1. 单工序面漆的施工

单工序面漆可分双组分纯色漆、单组分纯色漆、双组分金属漆。

(1)双组分纯色漆是目前修理行业使用最普及的施工方法。

(2)单组分纯色漆主要是硝基漆、热塑型丙烯酸等,属于溶剂挥发型,固体含量较低,干燥快,在高档汽车上的应用越来越少。

(3)双组分金属漆的喷涂越来越被大量采用。

2. 面漆的检验

面漆是涂层组合中唯一可见的部分,检验人员应根据涂膜的等级标准进行检验。

六 黏度的测定

涂料的黏度过高或过低，都会直接影响涂料的质量并带来很多弊病。所以黏度的测定和控制是涂料生产过程中的关键之一，其测量方法很多，分别适用于不同的产品。

七 涂装过程的环境要求

(1)防止环境中的脏物和灰尘。

(2)脏物的分类及来源。

①大气中的灰尘。以尘土为主，也包括各种各样的杂质。

②金属屑。主要来自焊装车间车身打磨产生的铁屑、锌粉等。

③铁锈。冷轧钢板表面可能有微锈，或者在预处理过程中产生微量丝光锈迹或点状锈迹。

④焊渣珠。焊装车间电焊时可造成大量的焊渣珠。

⑤残留的 PVC 密封胶。

⑥多色漆粒。喷漆过程中经常不断更换颜色，漆雾会飞扬，黏附在设备和过滤网上，干燥后会飘落到涂层表面。

⑦过喷附聚物。过喷附聚物可以从喷涂设备，如喷枪头子、喷杯上或者衣服上滴到湿膜上或再飘落到湿涂膜上。

⑧打磨灰粒。打磨时会产生不少灰粒。

⑨纤维。纤维来自工作服、手套和空气过滤材料，棉织物散发的纤维比人造织物多得多。

⑩烘道内的凝聚物。在烘烤过程中，残留的溶剂从涂膜中挥发出来。

第四节　涂膜性能及其测定方法

涂膜性能检测是涂料检测中最重要的部分。其内容包括以下三个方面:基本的物理力学性能的检验;物理变化性能和耐化学性能的检验;耐久性(大气老化等)性能的检验。检测应按照 GB/T 1727《涂膜一般制备法》的规定进行。

一 附着力的检测

附着力是指涂膜与被涂物件表面结合在一起的牢固程度,这种性能对涂膜的保护和装饰性能起着决定性的作用。常用的方法有:

1. 划圈法测定

按 GB/T 1720《涂膜附着力测定法》进行,根据圆滚线划痕范围内涂膜的完整程度评定,以级表示。附着力仪采用三五牌唱针,测定附着力时应检查针头是否锐利,否则要更换。将样板取出,用放大镜检查划痕,圆滚线划痕图形使涂膜分成面积大小不同的 7 个部分,即为 7 个级别。检查时,从图形上侧观察涂膜的损坏程度,并以标准的规定评定级别。

2. 十字划格法测定

按 GB/T 9286《色漆和清漆涂膜的划格试验》方法进行,即采用刀片划格器在涂膜的样板上切 6 道平行的切痕(长为 10 ~20mm),切痕间的距离为 1mm,应切穿涂膜的整个厚度,然后再垂直前者切同样的 6 道切痕,形成 25 个方格,用手指轻触涂膜或用粘胶带对格阵部分撕拉,然后,观察涂膜破坏的程度,以判定涂膜附着力的等级。

二 光泽的检测

涂膜的光泽是涂膜表面受光照射时光线向一定方向反射的能力,也称镜面光泽度。涂膜的光亮度是涂料装饰性能的重要指标,涂膜光泽度高,则涂膜平整光滑,致密度大,因此它不但有靓丽的外观,还具有对底材很好的封闭保护能力和抗腐蚀能力。

三 硬度的测定

涂膜的硬度是指涂膜抵抗擦划、碰撞、压陷等机械力作用的能力，或涂膜表面对作用其上的另一个硬度较大的物体压入所表现出的阻力。

涂膜保护被涂物体的表面，要求涂膜必须具有一定的硬度。涂膜硬度的高和低，直接关系到涂料的质量问题。涂料的品种很多，对涂膜硬度的要求也不同，选择测定的方法也有所不同。

第五节 涂膜老化的基本特征

涂膜老化基本上是高分子树脂（基料）的降解和聚合作用造成的。所谓降解作用，一般可理解为涂料结构中链的长度减小，或使大分子减少的过程。在物理因素作用下发生的降解，基本上有三个类型：热的作用引起的降解；光的作用造成的光化学降解；机械破碎，也包括电及超声波作用引起的机械破坏。在化学介质作用下发生的降解，有两种情况：受氧化剂的作用，特别是空气中氧作用产生的氧化降解；受水、酸、醇和碱以及以能引起降解因素的试剂作用的降解。涂膜老化的基本特征如下：

一 失光

失光是涂膜老化的最初特征，由于涂膜受太阳光中紫外线照射的影响，引起光化学反应，使树脂成分发生降解，逐步丧失原有光泽，直至发展成全部失光。涂层光泽是装饰性涂膜的重要指标，涂层一旦失去光泽（原始无光泽涂层除外）就无装饰性可言。

二 变色

这也是涂膜开始老化的一个显著征兆。涂膜从正常的颜色发生色相或色泽的改变，有的变深，有的变浅，有的发暗，白色变黄，红的变粉色或变浅等,这些都属于变色。其原因是光化学反应的结果。

三 粉化

粉化是涂膜老化逐步深化的表现,其原因主要是受太阳紫外线的辐射和氧的存在下相互作用引起树脂分子链的交联或降解,促使树脂与颜料颗粒之间的分离,出现脱粉现象。其次,与颜料的性质、晶形也有很大的关系。

四 起泡

涂膜表面的鼓泡,有水泡也有气泡。这是因为涂膜在干燥的过程中,由于溶剂的挥发产生许多肉眼难见的微孔,这些微孔给外界的水分和各种介质气体创造了入侵的途径。

五 龟裂

龟裂也称为开裂或裂纹。表现为涂膜局部或全部表面出现形状不一、深浅不同的裂纹,有发状裂纹、网状裂纹等。龟裂主要是太阳光、雨、露的交替作用,使涂膜发生吸水和脱水的反复循环作用所致。

六 脱落(剥落)

脱落是涂膜老化过程中,涂层失去原有性能和附着力,从基底上自行脱离的一种现象。它是从失光、变色、粉化、起泡、龟裂发展到最后脱落,是涂膜老化的最后阶段。

第六节　涂膜病态的原因与防治

检验人员常常在修理前和修理后发现车身表面出现各式各样涂膜病态,分析其产生的原因,掌握基本的防治方法是修复涂膜表面的前提。

一 涂料缺陷产生的病态及防治方法

1. 返黏(回黏)

涂膜按照工艺规程规定的干燥时间和保温时间进行干燥后,涂膜仍发软,表面似干,但实际未完全干,用压指法或按行业标准规定的方法进行检验,涂膜表面会留下指纹或黏有织物、绒毛等,称为返黏。其原因是:油料选用不当;使用的溶剂和催干剂的量不合适,或质量有问题。防治方法:选用适当的催干剂及配套溶剂进行调整,若是无法自行调整的涂料,应更换新的涂料。

2. 流挂

涂装过程中,涂膜表面尤其是垂直面,呈现出似月牙形上薄下厚或水滴似的流淌,称为流挂。其原因是:涂料中的固体含量过少,色漆中颜料比例过少,涂料树脂聚合度低,溶剂中高沸点溶剂含量过高,挥发速度过慢。防治方法:以同类型、同品种和相同颜色的合格涂料,加入到过稀的涂料中掺和并充分搅匀,达到黏稠适合为止。增加色漆中的颜料比例;更换稀释剂,更换新涂料。

3. 涂膜出现色差

涂料表面的颜色与原色卡或样板相差甚远,称为色差。其原因是涂料制备时,配色未按标准样板进行,使色差过大。防治方法:用同类型、同品种涂料,对照标准色卡按一定比例重新调配。调色时要在光线充足、柔和的场地进行,但不允许在阳光直射下调色,如自然光照不足,只能选择白色光照明,禁止任何带色的光源照明。

二 涂料储运中可能产生的缺陷及防治

汽车修补用涂料往往由于储运期过长,运输距离过远,在储运过程中受热(高于30℃)和受冻后产生变质缺陷。

1. 增稠

罐内涂料在储运过程中变浓,黏度增大,超出技术条件规定的原涂料许可黏度的上限的现象称为增稠。

预防:

(1)保持罐盖紧,确保密封,隔绝空气,容器中的涂料应装满。

(2)存放在阴凉处。储存场所的温度最好在 25℃以下。

(3)尽可能缩短储运期,使用涂料时应遵守先进先用的原则。

(4)涂料厂改进配方,克服在涂料储运过程中颜料与基料之间的化学反应。

2. 沉淀

涂料在储运过程中产生沉淀,在使用前能搅拌分散开,细度也合格,这属于正常现象。如果沉淀结块搅拌不起来,不能再分散的现象,就属于沉积和结块缺陷。

预防:

(1)在设计选择配方时,就应注意颜料与漆基的适应性;强化颜料的研磨分散工艺;提高黏度或制成触变型涂料,防止沉淀可加防沉剂或润湿悬浮剂。

(2)减少库存,缩短储存时间,存货先用。

(3)存放在阴凉处。

(4)定期倒转漆罐。

(5)不要储存稀释过的漆料。稀释过的漆料因黏度较低,比原漆更易沉淀。

3. 结皮

自干转化型涂料在储运过程中与空气接触的涂料表面易氧化固化的现象称为结皮。

预防方法:

(1)涂料中不预先加入促进表面干燥的干燥剂,在使用时按比例调入。

(2)容器内尽量装满涂料,并要密封好,如果能在装桶时通入二氧化碳或氮气,待置换出容器上层的空气后,再加盖封存,则更好。

(3)加抗结皮剂。常用的抗结皮剂有邻甲氧基酚、苯酚、邻苯二甲酚、松木油、丁醇和丁基乙酸盐等。

(4)缩短涂料的储存期。开桶后的涂料应尽可能用掉,未用完的可在涂料上倒些溶剂,则可保持几天不结皮。

4. 胀气

由于产生气体而在漆罐内形成压力的现象。

预防:

(1)漆料存放在阴凉处。

(2)不要储存过多的漆料。

(3)依正确的轮换方式使用。

三 面涂层喷涂产生的缺陷

面涂层喷漆产生的缺陷原因是很多的,它们通常源自于金属基层的准备工作、喷涂程序、环境、涂料配方和外部的影响等。

1. 渗色底层污染

被修补面的原有面涂层(指红色、褐色及黄色面漆)的颜料渗入(或溶入)修补面涂层中,而使面涂层变色的现象称为渗色,常产生在涂浅色面涂层的场合。由底层上附着力的着色物透过或渗入面涂层,产生异色斑现象称为底层污染。

预防方法:

(1)不要让易产生渗色的颜色的漆雾落于其他工作物上。

(2)彻底清洗所有设备。

(3)未进行整车喷涂前,先在一小片表面整平过的地方,喷涂一层色漆,测试被修补的原有涂层,如有渗色现象,则按漆厂说明书操作,用防渗封底涂层进行封固。

(4)底涂层内绝不可混入其他产品。

(5)采用面漆近似颜色的中涂层的场合,如果是白色或浅色面漆,则不能采用红色的中涂层。

(6)腻子使用的固化剂不应过量。

补救方法:

当在多层底涂层及面涂层均已喷涂后开始发生渗色时,必须完全除去出毛病的涂层,并从裸底材起重新再涂装。如在喷涂初期的底涂层或面涂层后即发生渗色,则可用防渗封底漆予以隔绝。

2. 爆皮

表面涂层薄膜上出现气泡或斑点。

预防方法:

(1)在打磨前彻底地清洁要喷涂的区域。

(2)选择最适合现有车间条件的稀释剂。

(3)允许底涂层和表面涂层有适当的干燥时间。

(4)每天排干并清洁空气压力调节器以去除存留在其中的水汽和脏物。

解决方法:

如果损伤是大范围的并且是严重的,涂料必须被去除到底涂层或金属层,这取决于爆皮的程度,然后再喷涂。在不那么严重的情况下,爆皮可以被打磨掉,重修表面,并再喷涂表面的涂层。

3. 裂纹

一系列的深裂纹类似于干枯池塘中的泥土龟裂。经常以三角形的形状出现并且没有固定的模式。

预防方法:

(1)不要过于加厚表面涂层。

(2)将所有的底涂层和表面涂层颜料搅拌彻底。

(3)严格遵循标签提示。

解决方法:

受影响的区域必须打磨掉,在特别严重的情况下,砂磨至裸露的金属并再喷涂面漆。

4. 薄边劈裂

看上去像是沿着薄边的擦伤痕迹(或裂纹)。

预防方法:

(1)喷涂薄到中等厚度的、经适当稀释的填实底漆涂层时,留足够的时间让溶剂和空气逸出。

(2)彻底搅拌所有底面涂层和表面涂层涂料,选择适用于现有车间条件的稀释剂。

(3)在打磨前彻底清洁要喷涂的区域。

(4)清漆腻子要限制在小的缺陷的填充上。腻子过厚将在最后收缩而造成薄边劈裂。

解决方法:去除受影响区域的面漆并进行再喷涂。

5. 鱼眼

局部涂面出现许多鱼眼状凹孔。

防治方法:

(1)底层处理一定要按步骤、按操作技术要求进行,旧涂膜经充分打磨后,应用清洁的汽油洗掉旧涂膜表面的各种污物(蜡、矽质、油污)。

(2)在喷涂时要防止发动机罩内部带油灰尘飞扬到车壳外表面上,必要时内部喷涂与外表面喷涂分两天进行,第一天内部喷涂后,第二天在喷涂外表面前首先用砂纸蘸少许水把飞扬到外表面的漆雾、砂粒轻轻打磨掉,再用纱布蘸清洁汽油把外表面擦一遍,保证涂面无油、无蜡、无矽质,才可喷涂面漆。

处理方法:

(1)情况不严重时,可让涂膜的溶剂挥发一部分,待涂膜稍干后,用喷雾法(把涂料慢慢地喷洒几次)做局部处理,千万不可喷得过分湿润,而应喷得干一些,再全车喷涂,鱼眼即会消失。

(2)若喷雾法不能使其消失,则可让涂膜溶剂充分挥发,涂膜干燥后用水砂纸蘸水轻轻打磨后用喷雾法喷涂,再全车喷涂即可消失。

(3)情况严重时,铲除局部涂膜,或刮涂腻子进行修补后,重新清洗处理,重新喷涂。

6. 白化、发白

涂装过程中和刚喷涂完的涂层表面呈乳白色,涂面不仅发白,而且像云一样变白无光泽的现象称为发白。

预防方法:

(1)对修补涂装场地和喷漆室进行适当加热,升高涂装环境温度。

(2)使用品质良好的稀释剂。使用挥发较慢的稀释剂。

(3)在稀释剂内添加防潮剂。使用量要小,否则会减慢干燥速度。

(4)涂装前使工件的温度高于环境温度。

补救方法:

(1)轻微白化。待其干固,再以抛光蜡打磨去除其不良处。

(2)严重白化。在该区域内喷涂慢干稀释剂或防潮剂。

(3)在白化极严重的场合,可能有水分残留在涂膜内,让其干固,湿打磨再重新喷涂。

7. 滴流及垂流

在喷涂和干燥过程中垂直或斜曲表面形成由上向下的流痕或下边缘增厚的现象,称为流挂。根据流痕的形状,流挂可分为下沉、流挂、滴流、流淌等。

下沉,涂装完毕到干燥期间呈厚度不匀的半圆状、冰瘤状、波状等现象。

流挂,过多量的漆料在被涂物的垂直面和边缘附近积留,固化并牢固附着的现象。

滴流,被涂物垂直表面上涂膜出现滴状的流痕现象。

预防方法:

(1)应用正确的喷涂技术。先薄喷一道,表干后正常喷第二道。

(2)正确设定喷枪,检查喷枪以确保其功能正常。

(3)检查涂料的黏度及喷涂气压。

(4)提高喷气室的温度,确保风速正常。

(5) 选用漆厂指定的正确配套的稀释剂或一种合格的挥发较快的稀释剂。在使用防潮剂的场合避免使用过量。

(6) 在喷涂前确保被涂表面彻底清洁，光滑的漆面应打磨过。

补救方法：

让涂膜彻底干固，然后以极细的砂纸湿磨并抛光，或以细砂纸湿磨，并重喷。

8. 缩孔、抽缩、凹洼

被涂物面存在混入涂料中异物（如油、水等）的影响，涂料不能均匀附着，产生抽缩，或涂膜凹洼不平的现象称为缩孔系列涂膜弊病。

预防方法：

(1) 在进行任何工作之前，应确定表面已彻底清洁。

(2) 任何涉及有机硅树脂产品的工作场地，应与喷涂场地隔离。

(3) 确保压缩空气清洁，无油无水。

(4) 确保涂装环境清洁，空气中应无尘埃、油雾和漆雾等漂浮物。

(5) 涂装场地用设备、工具、胶管及生产用辅助材料等绝对不能带有导致涂料产生缩孔的有害物质。

(6) 严禁用手、脏手套和脏抹布接触被涂物面。

(7) 选用对缩孔敏感性低的涂料。

(8) 有轻微缩孔时，采用多道薄喷会有所改善。

补救方法：除去受影响之涂层，重新喷涂。

9. 颗粒、尘埃

涂膜中凸起物呈颗粒状分布在整个或局部表面上的现象称为颗粒；金属闪光涂料中铝粉在涂面造成的凸起异物称为金属颗粒；在涂装时或刚涂装完的湿涂膜上附着的灰尘或异物称为尘埃。

预防方法：

(1) 建立良好的防尘清洁管理制度。

(2) 封固会起灰尘的场地表面。

(3) 在进行喷涂的每一阶段均需保持工作场地的清洁。

(4)严把涂料的质量关,使用前必须过滤。

补救方法:

(1)缺陷轻的应待漆膜完全干固后,再以极细的砂纸作湿打磨,之后抛光打磨使光泽重现。

(2)粒子深陷的,应整平并重喷。

10. 气泡

在涂装过程中,涂膜表面是泡状鼓起,或在涂膜中有产生气泡的现象。

预防方法:

(1)使用漆厂指定的稀释剂,黏度应按涂装工艺选择,不宜偏高。

(2)按规定的时间晾干,涂层烘干时升温不宜过快。

(3)底材、底层或被涂面不应含有水分、溶剂和气体,应干燥清洁。

(4)待涂料中的气泡释放尽后再涂装。

(5)检查并再次封固损害车体的缝隙和腻子层。

补救方法:气泡是涂装膜破坏性的弊病,只能铲除,重新进行表面准备;刮腻子及喷涂。

11. 气泡孔

在涂膜烘干过程中空气气泡或溶剂蒸气泡留存于涂层内,表面涂层快速成形,气泡膨胀并溢出透过漆膜,形成四周鼓起,泡中有孔洞的现象称为气泡孔。

预防方法:

(1)使用规定溶剂,在干而热的工作环境时添加合适的助剂。

(2)使用合理的气压,控制涂膜厚度。

(3)在各层间和烘干前留足晾干时间。

(4)检查烘干室温度和车体温度,并适度调整。

补救方法:与气泡相同。

12. 针孔

涂膜上有针状小孔或像皮革毛孔那样的小孔的现象称为针孔,孔的直径为100μm左右，它不仅在表面有凹坑，且深达底层。

预防方法：

(1)应避免底涂层或第一道面涂层的干燥。确定适宜的喷涂黏度及喷涂气压。

(2)彻底整平旧漆面，去除所有已呈现的针孔。确保被涂物面清洁。注意被涂物的温度。

(3)正确掌握刮涂技术，并以整平底漆喷涂于有腻子的部位上。

(4)喷涂后应按规范晾干，烘干时升温不应过急。添加挥发慢的溶剂使湿涂膜的表干减慢。

13. 橘皮、皱纹

在喷涂时涂膜出现类似于橘皮、柚子皮那样的皱纹。

预防方法：

(1)选用合适的溶剂，添加流平剂或挥发较慢的高沸点有机溶剂，确保黏度适宜，以改善涂料的流平性。

(2)调整喷涂气压与出漆量、喷涂距离与走枪速度。选用雾化性能良好的喷枪，使涂料达到良好的雾化。

(3)一次喷涂到规定厚度(宜控制到不流挂的限度)。适当延长晾干时间，不宜过早高温烘干。

(4)被涂物温度应冷却到50℃以下，喷涂室内气温应维持在20℃左右。

补救方法：

(1)待面漆完全干固后，视橘皮皱纹的严重程度，以极细砂纸或粗砂纸磨去橘皮皱纹。

(2)在严重的场合下则以细砂纸磨平，并重新喷涂。

14. 拉丝

在喷涂时涂料雾化不良，呈丝状喷出，使涂膜表面呈丝网状的现象，称为拉丝。

预防方法:

(1)选择最适宜的喷涂气压、最适宜的施工黏度和温度喷涂。

(2)选用溶解力适当的(或较强的)稀释剂。

(3)通过以上两措施不能解决时则应由漆厂调整涂料配方。

补救方法:降低喷涂气压或黏度,直至蛛网消失。

15. 起皱

在涂料的干燥过程中涂膜表面出现皱纹凹凸不平。通常是在表干快的场合,表层的面积大而产生凹凸不平的平行线状,无规则线状。皱纹的大小不一样,有的形成不规则的图形皱缩。小的形成皮肤状的皱状,这种涂膜缺陷又称慢干。

预防方法:

(1)喷涂前应彻底清洁被涂表面。

(2)避免喷涂过厚,第一道最好采用干喷。

(3)改进喷涂及干燥环境,提高温度,增强空气流动。

(4)各涂层间留有充分的干燥时间,使用合格的稀释剂。

(5)检查烘干室内空气的污染度,修正或更换燃料。

(6)合成树脂烤漆应按规定时间晾干后进行烘干。

(7)采用防起皱剂,如改性的醇酸树脂漆膜稍厚,在烘干时易起皱,添加少量(约为5%)氨基树脂作为防起皱剂,一次喷涂40μm以上厚度烘干也不起皱。

补救方法:

(1)在缺陷轻的场合,待漆膜整体干固后,彻底打磨去除所有皱纹痕迹,并重新喷涂。

(2)在缺陷严重时或由于污染引起的慢干,则铲除至底材,重新涂装。

16. 咬起

喷涂面涂层后底涂层被咬起脱离,产生皱纹、胀起起泡等现象称为咬起。

预防方法：

(1)底层干透后再喷涂面涂层。

(2)通过试验，选配合适的涂层体系。

(3)在易产生咬起的配套涂层场合，第一道面涂层应先薄薄喷一层，等稍干后再进行下道工序的喷涂。

补救方法：与起皱缺陷相同。

17. 盖底不良、露底

因喷涂得薄，膜厚不足，或涂料的遮盖力差，能见到底色现象称为盖底不良。由于漏喷涂，使该涂装的部分未喷涂到，称为露底(俗称缺漆)。

预防方法：

(1)涂料在使用前应充分搅拌，选用合格的稀释剂，适当提高涂料的施工黏度。

(2)喷涂正确的层数以达到所需的涂膜厚度。

(3)提高喷涂操作的熟练程度，谨慎操作。

(4)选用遮盖力强的面漆。

(5)底涂层的颜色和灰度尽可能与漆的颜色相近，特别在使用珠光漆时，先喷涂近似色的中涂层，可节省珠光漆用量，降低成本。

补救方法：让漆料略干后重喷或待其完全干固后，湿打磨整平再重喷。

18. 色不匀、色发花

涂膜的颜色局部不均匀，出现斑纹、条纹和色相杂乱的现象。一般是因涂装不当，产生条状色差条纹，以及涂料组分变质等因素引起的。

预防方法：

(1)选用分散性和互溶性良好的颜料。

(2)选择适当的溶剂，采用符合工艺要求的涂装黏度及膜厚。

(3)调配复色漆时应使用同一类型的涂料，最好用同一厂家生产的同一类型涂料。

(4)运用良好的喷涂技术。每次喷涂至少应重叠50%(对银粉漆作底层建议最好重叠 2/3 左右),正确检修和调整喷枪。

补救方法:

(1)如膜层仍湿,再喷涂一道薄层的面涂层,可以修正。或让涂层面稍干,并使用正确的喷涂技术再喷涂一道面漆。

(2)让漆膜全部干固,然后湿磨,并以正确的喷涂技术重喷。

19. 浮色、色分离

涂料中各种颜色的粒度大小、形状、密度、分散性、内聚性等不同,使涂膜表面和下层的颜料分布不匀,各断面的色调有差异,与色发花的差别是涂膜外观色调一样,但湿膜和干膜的色相差异大。

“浮色”一词用以说明漆膜外表呈现规律的颜色变异。

预防方法:

(1)改进涂料配方及制漆工艺(如选用不易浮色的、易分散的颜料,改进颜料的分散工艺等)。

(2)添加防浮色剂,如硅油对防止浮色有显著效果。

(3)选用合适的涂装方法及设备,如减少每次喷涂厚度,增加喷涂次数。

补救方法:与“色不匀、色发花”的补救方法相同。

20. 金属闪光色不匀(银粉不匀)

在喷涂金属闪光色面漆时,由于铝粉的分散不好,分布不匀,定向不匀,导致有深浅不匀的涂层现象。

预防方法:

(1)改进涂料配方,使用涂料厂指定的溶剂。

(2)选择合适的喷涂黏度。

(3)提高喷涂操作的熟练程度,采用专用喷涂工具或自动涂装机。

(4)选择“湿碰湿”工艺时选用合适晾干时间或增加 60 ~80℃热风的工艺措施。

(5)将喷涂时的环境温度调节到合适的范围内。

补救方法:与“色发花”的涂膜缺陷相同。

21. 光泽不良、光泽低

有的涂层干燥后没有达到应有的光泽或涂装后不久涂层光泽下降，有雾状朦胧现象。

预防方法：

(1)正确使用品质优良的稀释剂，提高稀释剂挥发速度。

(2)喷漆前彻底平整、清洁被涂表面。

(3)正确掌握喷涂技术，调试好喷漆气压和漆料的施工黏度。

(4)确保喷漆室的排气适当和适合的干燥温度。

(5)喷涂相应的封底涂料，以消除被涂面对面漆的吸收或不均匀吸收。

(6)注意喷涂顺序，确保喷涂膜厚均匀，减少喷涂漆雾的回落附着。

(7)烘干室换气要适当，以避免脏空气在烘干室中积聚，如采用燃油直接加热式的烘干室，则应使用正确的燃油。

(8)抛光要在涂膜干透后进行。

补救方法：

(1)让涂膜干固，并抛光打磨，使光泽重现。

(2)如是漆雾回落表面上造成的，则让漆膜干固后，以极细砂纸打磨，并抛光打蜡。

(3)如是底层被污染或表面粗糙造成，则应清除漆膜，清理或整半受影响表面并重喷。

22. 鲜映性不良

鲜映性是涂层面投影的清晰度，是与涂膜的平滑性和光泽依存的性质，属于涂膜外观装饰性能之一。鲜映性不良就是涂层的装饰性差。鲜映性可目测对比或用专用仪器测定数值表示。

预防方法：

(1)提高表面和整平打磨工序的加工精度，使被涂面平整光滑。

(2)选用流平性好、细度达标和光泽优良的涂料。

(3)改善涂装环境，高装饰性涂装应在清洁无尘的喷漆室和干燥场所(烘干室)中进行。

(4)选用雾化性能好的喷枪,掌握正确的喷涂技术和施工黏度,使涂料达到最佳的雾化。

(5)高装饰性涂层一般采用多层涂装体系,增加涂层厚度,提高涂层的丰满度和平滑性。

补救方法:如涂层干固后,经打磨、抛光,鲜映性仍不良,则需选用鲜映性更优的修补面涂层重新喷涂。

23. 刮痕、砂纸磨痕

对打磨的痕迹,面涂层遮盖不住而造成的涂膜缺陷。如在面涂层表面上显示出砂纸打磨痕迹,称为砂纸纹。涂层表面喷涂后磨纹膨胀变粗更显出涂层表面的缺陷称为刮痕。还有湿打磨作业时的伤痕(由砂纸、工具等造成)称为打磨划伤。

预防方法:

(1)选用优质砂纸和合适的砂纸,在新砂纸使用前,应互相对磨一下,以消除粗砂粒。喷涂金属底色漆前,应采用P600以上的水砂纸打磨,因金属底色层薄,遮盖能力差。

(2)喷涂面漆前的涂层不宜过厚,应充分干透。

(3)确保打磨工具的技术状态良好,操作认真,在打磨平面时应采用磨块,并注意打磨方向。

(4)打磨后应进行打磨质量检查。

补救方法:根据缺陷的严重性而定,或打磨抛光,或用极细砂纸湿磨并抛光,或待面涂层完全干固后,湿磨并重喷。

24. 落上漆雾、干喷

喷涂过程中漆雾飞溅或落在被涂表面或涂膜上(成虚雾状),影响涂膜的光泽和外观装饰性的现象,称为落上漆雾。若落上异色漆雾则称漆雾污染;若漆料以一种粉尘飞散状落于表面的称为干喷。

预防方法:

(1)掌握良好的喷涂技术。

(2)使用品质优良的稀释剂，调配到正确的黏度，在干热的环境下，添加或使用慢干稀释剂。

(3)与被涂件之间应保留足够间距，以防飞溅。以汽车车身为例，间距不应小于1.5m。

(4)喷涂房内的气流应有一定方向(一般为自上而下)；手工喷漆时，喷漆房的风速应为0.35～0.5m/s。

(5)不需涂装的表面应遮护，尤其在喷涂纯色漆和进行修补喷涂时。

补救方法：

(1)底漆。让其干后再打磨去除。

(2)面漆。最后涂层的干喷可用细砂打磨去除，并抛光使光泽再现。如是单层银粉漆则必须予以打磨后并重喷。

25. 不规则裂纹、裂痕

在涂装过程中或刚涂装完不久，漆面上产生裂纹的现象称为开裂、裂痕。像碎玻璃那样不规则，称为不规则裂痕。如是在涂层干燥过程中受酸性气体的影响而产生的裂纹称为气体裂纹。

预防方法：

(1)喷漆前，旧涂层必须是良好的平整表面。

(2)在重喷前，应使车体温度提高到与喷漆室温度相同。

(3)避免厚层喷涂。

(4)绝不可将合成漆类夹于两涂层间喷涂。

(5)在烤漆干固期间，不可再喷下一层烤漆。

(6)查清原因，消除干燥环境的酸性气体或降低其浓度。

补救方法：

(1)在裂纹严重的表面，待漆膜干固后打磨或铲露出底材，重新喷涂。

(2)如果是面涂层的细小裂痕，尤其是丙烯酸涂料，通常可予修正，以细的砂纸打磨，并抛光。

26. 附着力不良、涂膜剥落

由于涂层的附着力差,受外力作用产生涂膜脱落的现象称为涂膜剥落。剥落程度可分为:直径约5mm以下的小片脱落称为鳞片剥落;呈大片脱落的称为皮壳剥落,能成片撕下的称为脱皮剥离;涂膜与涂膜之间的脱离称为层间剥离;在修补涂装场合,通常在取下遮护用贴边胶带时即将涂膜撕下,称附着力不良。

预防方法:

(1)在喷漆前确保被涂表面已彻底清洁。

(2)选用配套性良好的涂料(底漆和面漆)。

(3)适当地打磨被涂面(尤其旧漆层应打磨,以提高涂层的附着力)。

(4)使用合格的良好稀释剂,用适宜的黏度喷涂。

(5)喷面漆前底漆层应干透或按漆厂推荐的期限内,喷涂下一道底漆(或面漆)。

(6)在适当时机进行遮护及除去遮护纸。

(7)烘干底涂面的水分后,再喷涂面漆。

补救方法:

(1)涂层剥落严重,铲除露底材,重新涂装。

(2)如是遮护技术失误造成的,则将受影响部位予以铲平,并修整边缘,再重喷。

27. 干燥不良、未干透

涂膜按工艺规范干燥(自干或烘干)后未达到完全干固,手摸涂膜有发湿之感,涂膜发软,未达到规定硬度或存在表干里不干等现象。

预防方法:

(1)必须严格按厂家要求比例,调配双组分涂料,并预防固化剂长期存放失效。

(2)正常黏度的漆料中含慢挥发溶剂量不应超过15%。

(3)检查调整自干场所的环境条件和烘干室的环境,是否达到工艺要求的条件。

(4)自干(氧化固化)型涂料一次不宜喷涂得太厚,如厚度超过20μm,则应分几次喷涂。如是干燥剂失效造成,则添加干燥剂,并注意干燥剂的用量。

(5)不同热容量的工件应有不同的烘干规范,烘干室内烘烤物数量应控制在一定范围内。

(6)严防被涂物和压缩空气中的油污、蜡、水等带入涂层中。

(7)双组分涂料应采用厂家配套的稀释剂。

补救方法:

(1)改变干燥工艺规范(如提高气温、烘干温度或由自干改烘干)。

(2)如以上方法无法补救(仍不干,或表干里不干),或由污染造成的不干,则应磨掉或铲除,并重涂。

28. 沉色、阴影

在面漆干燥过程中,面漆失去光泽且很均匀地反映出下层涂膜的瑕疵,如显现腻子修补块和底材刮痕的形状,这种现象称为沉色。由于修补涂装时的打磨不良,产生光泽不均的现象称为阴影。

预防方法:

(1)使用正确等级号的打磨砂纸,底漆未干透前不可打磨。

(2)避免一次喷涂过厚涂层,不要干喷。

(3)每次使用前应彻底搅拌涂料。

(4)各层间应留有适当的干燥时间,注意所用固化剂是否过期失效。

(5)用封底漆封固所有车身的腻子和打磨过的部位。

(6)改善干燥条件,提高涂装环境的温度。

(7)应彻底正确地做好局部修补的薄边边缘。

补救方法:

让漆彻底干固,或以低热加速其干固。依据其沉色程度,轻的使用极细砂纸或粗蜡以修平表面,然后抛光;在严重的场合下则以细砂纸打磨并重喷。

29. 色差

刚涂装完的涂膜的色相、明度、彩度与标准色板有差异,或在修补涂装时与原漆色有差异。

预防方法:

(1)加强涂料进厂检验,某种颜色的面漆尽可能用同一厂商供应的面漆。

(2)加强生产管理,严格执行工艺规范。

(3)面涂层修补。修补面应尽可能是整个部件表面(或有明确分界线的表面)进行修补。

(4)修补面漆调色时,干燥后的色板与被修补车身的颜色必须一致,进行微调时一定要仔细耐心。

修补方法:色差轻的通过抛光打蜡消除;在色差严重的场合,则应用细砂纸打磨并重喷涂。

30. 腻子残痕

在汽车修补涂装场合刮过腻子的部位产生疤印或失光等现象。

预防方法:

(1)对刮腻子部位应充分打磨,边缘应平滑。

(2)在刮腻子部位涂封底漆或先喷涂一道面漆以封固接边。

(3)选用收缩性小的腻子。

四 修补涂装后不久或使用过程中可能产生的涂膜缺陷及防治

车辆刚修补涂装后不久和使用过程产生的涂膜缺陷与修补涂装工艺、所用涂料、使用环境及维护等有关,常见的涂膜缺陷如下。

1. 起泡、起痱子

涂膜的一部分从被涂面或底层上鼓起,其内部含有水分或空气,直径 1 ~5mm,有的直径更小,呈“痱子”状,称为“起痱子”。涂膜内部含有水和空气,而产生粒状起泡称为起泡。由于被涂面被污染,造成涂层面大块浮起的现象称为污染起泡。

预防方法:在选用耐水性优良的汽车修补涂料的基础上,为使涂装工作能得到最大的防起泡功能,应遵守以下各点:

(1)所有表面均需清洁无污染,绝不允许有亲水物质残存。

(2)未戴手套时,裸手不要接触被涂面。

(3)涂装工场保持在适宜温度。

(4)压缩空气应清洁而未被污染。

(5)喷涂底漆及面漆均应达到规定的足够厚度。

(6)各层间应留有足够的干燥时间,涂膜应干透。

(7)涂层必须让其充分的干燥后,方可暴露于潮湿和高温环境中。

2. 返铜光、亮铜色

局部或整个涂膜表面呈现有铜色,即在阳光照射下变成忽绿忽紫的色彩或呈斑点状的变色或光泽变化现象。此缺陷特定于某些蓝色、褚红色和黑色等颜色。

预防方法:

(1)遵守规定的配方调漆。

(2)选用耐候性好的涂料,在配色时应注意所用颜料的品种。

(3)有些红色或褚红色漆料不宜采用热喷涂法。

(4)除净压缩空气中油分。

(5)所用面漆的耐候性差。

(6)在修补涂装场合,由腻子层开裂而导致面漆层开裂。

补救方法:

(1)使用中性液态抛光剂,以手轻轻打磨可去除铜色。经常洗涤并偶尔打蜡,即可维持良好外观。

(2)在严重的场合,湿打磨后(最好用中涂底漆封底后)重新喷涂。

3. 粉化

涂膜表面受大气中的阳光、氧气和水分的作用,老化呈粉状脱离,表面上释出有色的粉末的现象。

预防方法:

(1)选用耐候性优良的汽车修补涂料,切勿将室内用涂料(如室内用硝基喷漆)用来修补汽车车身。

(2)加强涂膜的维护。

补救方法:

(1)轻度粉化,可以轻度抛光予以去除,同时会重现光泽。

(2)较重的粉化需要以粗蜡打磨。

4. 裂开、龟裂

老化的结果,涂膜出现部分断裂的现象,根据裂纹的形态(大小、深度和宽度)可分为发状裂纹、浅裂纹、龟裂和鳄皮裂纹等几种。

预防方法:

(1)不可乱用添加物。

(2)色漆中不可添加过量的清漆,罩光清漆层的膜厚须适度。

(3)避免过度的膜厚。

(4)选用耐候性和耐温变性优良的面漆,底涂层和面漆层涂膜的硬度、伸缩性应接近。

(5)底涂层干透后方可涂面漆,并应确定(含腻子层)旧漆面上无裂纹。

补救方法:

(1)轻微时,用砂纸彻底打磨至无裂纹痕迹,再重喷涂。需特别小心清洗并检查表面,以确定所有裂纹痕迹已除去。

(2)严重时,只能打磨或铲除裂纹漆层,直至底材再重喷涂。

5. 变色、褪色

在使用过程中涂膜的颜色发生变化,其色相、明度、彩度明显偏离标准色板(或原色板)的现象称为变色。如果涂膜的颜色变浅(彩度变小或明度变大)的现象称为褪色。

预防方法：

(1)使用正确的调色配方。

(2)经常而定期的清洗车辆。

(3)选用耐候性优良的汽车修补面漆和固化剂。

补救方法：

(1)首先使用粗蜡或抛光蜡在一部位试做打磨抛光，如色泽能恢复，则打磨抛光整个受影响的部位。

(2)如打磨抛光无效，则以湿打磨去除面漆层，并重喷涂。

6. 鳞片状剥落

年久失修，涂膜长期老化、粉化、开裂、崩裂等，由于大气侵袭逐渐破坏膜层间或涂层与底材间附着力不好，造成涂膜层鳞片剥落或崩落。是涂膜损坏最严重的状态之一。

补救方法：只能彻底铲除后，重新涂装。

7. 沾污、斑点

涂膜表面受外界物质的侵入或自身析出物的影响，产生与大部分表面不相同的色斑或黏附尘埃等异物的现象。

预防方法：

(1)选用抗污性、耐酸碱性好的涂料，在使用中受热不回勃、不析出异物的涂料。

(2)不要把车辆停放在污染源附近，在长期储运期间漆面涂或贴临时性的保护膜。

(3)应尽早适当地以水或汽油擦拭去除黏附在漆面的污物。

补救方法：

(1)轻微污染，如飘落物或污物并未深入表面时，可以打磨和抛光去除。

(2)严重污染则可用化学清洗法去除。

(3)如涂膜面已被污物侵入而损坏，则必须打磨除掉被损坏的涂膜，重新喷涂。

8. 失光

涂膜在使用过程中出现光泽减小、清晰度变差的现象。光泽不良(发糊),低光泽是产生在涂装过程中的漆膜缺陷,而失光缺陷是涂层耐候性不好的前期现象。在做涂膜的大气暴晒试验中常以失光率来表示其耐候性优劣。

预防方法:

(1)选用耐候性优良的涂料。

(2)严格按漆厂推荐的涂料施工条件进行涂装。

补救方法:

按其失光之程度,选用液态磨光剂,抛光打蜡。如果抛光打蜡不能使光泽重现,则应仔细喷涂,防止二次污染或锈蚀。

9. 锈蚀、生锈

涂膜出现红丝或透过涂膜的锈点(斑),前者称为丝状腐蚀,后者称为疤型腐蚀。

预防方法:

(1)在涂装前涂面一定要清洁,除去所有锈迹,绝不允许带锈涂装。

(2)车身的所有表面(包括焊缝)都应涂装涂料。

(3)按被修补车辆的使用环境选用耐腐蚀性和耐潮湿性优良的汽车修补底漆。

补救方法:铲除裸露出金属,打磨受影响的部位,得到干净、闪亮的表面,重新涂装。

10. 水痕迹、水印(点)

由于下雨或清洗车辆时,在被涂面上残留的水滴蒸发后,水滴的外沿仍然可见,漆面产生白色的痕迹,而且无法以抹布擦拭去除。此即称为水印,如留下白色点状即称为水痕迹点。

预防方法:

(1)选用耐水和耐潮湿性优良的汽车修补涂料。

(2)涂膜未完全干固前不交给客户或不应存放在室外。

(3)加强被涂面保护，涂一些防水性的保护剂。

补救方法：

(1)清除漆面的旧蜡，随后抛光，再按水印或迹点的深浅，使用较粗的抛光剂或粗蜡抛光。

(2)如果抛光、打蜡仍无效时，则应湿打磨，并重喷。

第六章　涂装安全与个人防护

在涂料施工操作中，安全生产和个人保护是防止发生火灾、伤亡事故、职业病，保障职工身体健康的重要措施。由于涂料及稀释剂都是易燃品，易挥发并且有一定毒性，施工过程中还会产生大量的飞漆和粉尘，若不严格遵守安全操作规程和安全施工方法，极易发生生产事故。事故造成的伤害是十分严重的，轻者损害健康，重者则可能引起残疾，甚至死亡。涂料施工人员应该学习相关的安全技术操作规程，了解和掌握安全施工方法，在施工中严格执行劳动保护法规。

第一节　涂料施工的安全管理

涂料和辅料大部分属于易燃、易爆、有毒、有害的材料，因此汽车涂装施工人员的个人防护和环境保护是十分重要的。

一　涂料对人体健康的影响及应对措施

1. 涂料内对身体的有害成分

(1)颗粒物(色漆)尘埃:通过打磨木、金属、漆膜、玻璃纤维等产生的粉尘。

危害:颗粒物进入肺部，妨碍血液和氧交换，肺活量降低并导致气喘。

(2)异氰酸酯:固化剂内的有害成分。

危害:可致咽喉发干、胸闷、头痛、呼吸困难。

(3)溶剂(天那水)。

危害:损害整个肌体，特别是肝脏、大脑、神经系统、生殖系统。

2. 涂装一般安全措施

(1)涂装作业由于工作环境产生的污染不同，防护方法也不同。

①手工清除铁锈、旧涂膜、焊渣及打磨时应该戴护目镜、棉纱手套、防尘口罩、穿工作服和带钢头的防滑皮鞋，如图6-1所示。

②用溶剂清洗工件，用脱漆水脱漆和喷涂时应该戴护目镜、橡胶手套、双筒活性炭口罩，穿抗静电工作服和带钢头的防滑皮鞋，如图6-2所示。

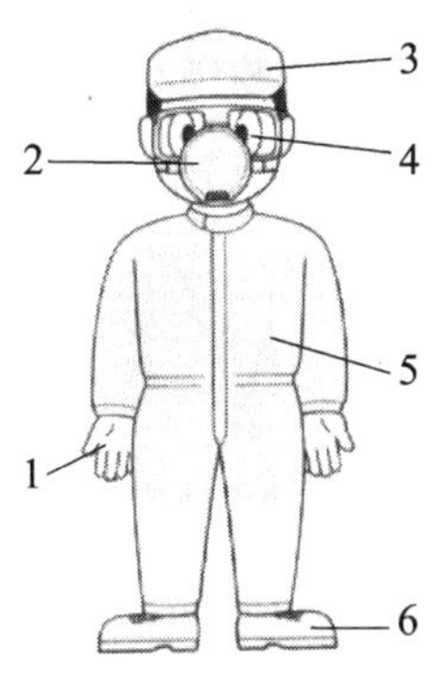

图6-1　表面处理时的穿戴

1-手套(保护皮肤);2-防尘口罩(保护呼吸道);3-帽子(保护头部);4-护目镜(保护眼睛);5-棉布工作服(保护皮肤);6-钢头安全鞋(保护脚)

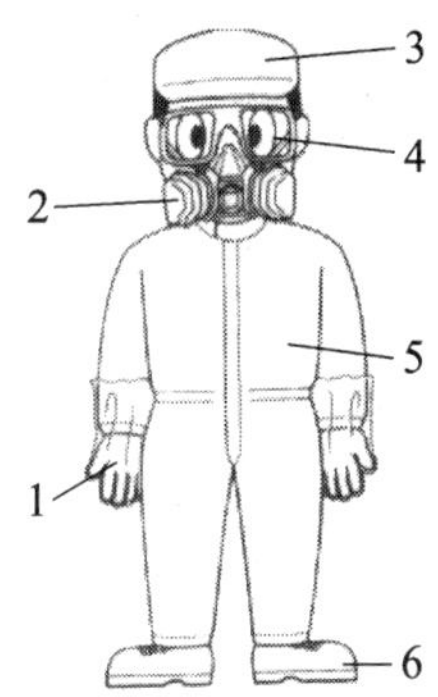

图6-2　溶剂清洗喷涂时的穿戴

1-手套;2-活性炭口罩;3-帽子;4-护目镜;5-抗静电工作服;6-钢头安全鞋

③遮护操作时应按图6-3所示穿戴。

④如果喷涂的是含异氰酸酯固化剂的双组分涂料，必须戴供气式面罩。如图6-4、图6-5所示。

(2)施工场地要有良好的通风条件，尤其在室内施工时。在喷涂房内，充足的空气交换量不仅有利于涂层干燥，还能及时排出有害飞漆和挥发性气体。如果是干打磨，要安装吸尘装置。

(3)在进行登高作业时，要注意凳子是否牢固，严禁穿拖鞋登高，超过一定高度必须系安全带。

(4)使用电动工具操作时，应该检查工具是否接地，电线要用胶管保护，在潮湿场地操作，必须穿胶鞋，戴橡胶手套。

(5)施工场地的照明设备必须有防爆装置,涂料仓库照明开关应安装在库房外面。

(6)电气设备(空气压缩机、电气工具、照明设备)发生故障时,应立即切断电源,并且立即报告,由专业人员进行检修。修理电气设备时,要切断电源,能够接通电源的配电柜或开关箱都要上锁,并且挂上禁止开启的警告标牌。

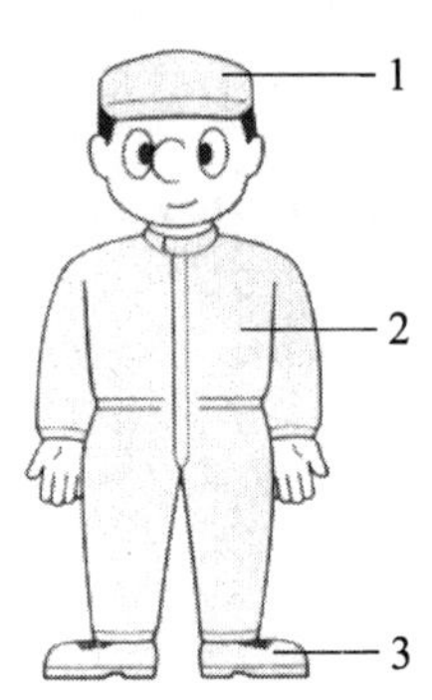

图6-3 遮护时的穿戴

1-帽子;2-棉布工作服;3-钢头安全鞋

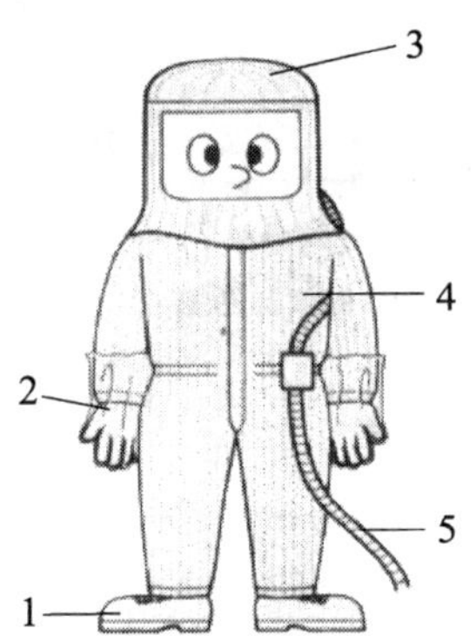

图6-4 喷涂含毒涂料时的穿戴

1-钢头安全鞋;2-手套;3-供气式面罩;4-抗静电工作服;5-供呼吸的清洁空气

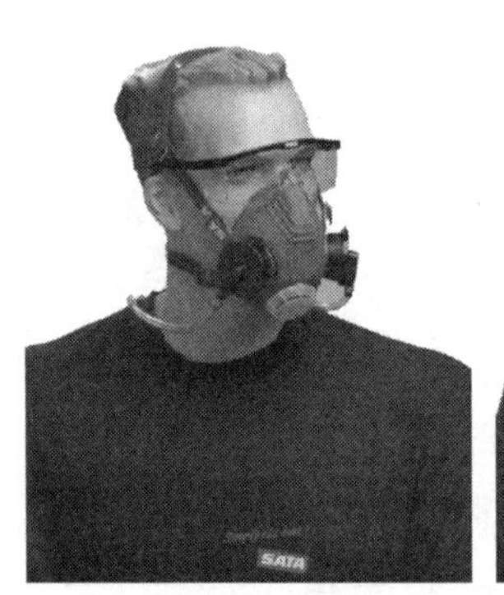

半面式供气面罩

全面式供气面罩

图6-5 供气式面罩

(7)操作人员要熟悉所使用的设备(空气压缩机、通风设备及其他设备)，定期检查有关设备和装置(如储气筒、安全阀等)。

(8)使用空气压缩机时，随时注意压力计的指针不要超过红线。

(9)施工场地的易燃品、棉纱等要随时清除，并且严禁烟火。涂料库房要隔绝火源，要配备消防器材，要有严禁烟火的标志。

(10)施工完毕后，盖紧涂料桶盖，收拾工具，清除余料和棉纱，防护用品放在专用柜中。

3. 防火防爆措施

由于涂料是易挥发、易燃烧的物料，涂料本身遇火会发生火灾。而施工时挥发的溶剂蒸气与空气混合达到一定浓度时，一旦遇到明火即会发生爆炸，造成重大损失。为了消除隐患，安全生产，施工时应该做好以下安全防火防爆工作：

(1)由于涂料在施工中有大量溶剂挥发，是易燃品，其闪点低，极易燃烧，因此施工场地应该配备防火设备，涂料桶盖要盖紧，防止溶剂蒸发使空气中的溶剂浓度超过规定的限值。

(2)施工完毕，应清理易燃材料，盖紧涂料桶盖，并且把剩余材料入库。

(3)所用过的浸有涂料、溶剂的棉纱、碎布等易燃物，应该集中存放在金属桶内，并用清水浸没，防止材料因过热而自燃。

(4)施工场地严禁明火操作和点火、吸烟，附近不得有明火，消除火灾隐患。

(5)施工现场的电气设备必须有防爆装置，专业人员必须检查电气设备，消除隐患。必须使用防爆插座，禁止使用闸刀开关。

(6)施工现场必须放置足够数量的灭火器、黄沙及其他消防器材。

(7)施工场地不准堆放易燃品，出入口及其通道上严禁堆放任何货物，易燃品应放入危险品仓库。

(8)库房内的设备必须有接地装置，调色架必须接地。

4. 防毒措施

涂料施工中所使用的涂料和溶剂部分是有毒有害物质。吸入会危害人体健康。空气中的溶剂的有害物质超过一定浓度时,对人体中枢神经系统有严重的刺激和破坏作用,会引起抽筋、头晕、昏迷等症状。因此对空气中各种有机溶剂最高浓度允许值都有明确的规定。为了防止发生中毒事故,施工中应该注意以下几点:

(1)施工场地应该有良好的通风条件或者安装排风设备,使空气流通,加速溶剂气体散发,降低溶剂在空气中的浓度。要有吸尘装置,可以及时抽走磨料粉尘。

(2)施工时如果感到头痛、眩晕、心悸、恶心,应该立即停止工作,到室外空气新鲜的地方休息,严重的应该及时治疗。

(3)长期接触飞漆和有机溶剂气体的人,有可能发生慢性中毒,所以涂装施工人员要定期检查身体,发现有中毒迹象,应该调离原工作岗位。

(4)涂料及有机溶剂可以通过肺部吸入人体,因此在喷涂时要戴供气式面罩或活性炭口罩。如果喷涂含有异氰酸脂固化剂的涂料,或者空气中的氧气含量低于19.5%时必须戴供气式面罩。

(5)有机溶剂蒸气可以通过皮肤渗入人体,因此在喷涂完毕后,要用肥皂洗脸和洗手,条件允许时,喷涂完毕后应该淋浴。为了保护皮肤,施工前暴露在外的皮肤要涂抹防护油膏,施工后洗干净,再涂抹润肤霜以保护皮肤。在施工场地,必须安装紧急淋浴器,当溶剂或化学药品大量溅在人体上时,立即冲洗身体。

(6)有些含铅质颜料(如红丹)毒性很大,不可以喷涂,只宜刷涂。一些含重金属如铬、镉的底漆,打磨时一定要注意防尘。

(7)施工时溶剂溅入眼睛内,应立即用清水冲洗,然后送医院治疗。

(8)喷涂完毕后要多喝开水,以湿润气管,增强排毒能力。平时多喝牛奶,有利于排毒。

二 涂料对环境的影响

涂料对环境的影响主要是涂料中有机物的挥发、废涂料的排放、稀

释剂的处理等。

汽车修理厂里使用的涂料对环境的影响主要是涂料中有机物的挥发、废涂料的排放、稀释剂的处理等。

1. 涂料中有机物的挥发

汽车修理厂对环境污染最严重的是挥发性有机化合物的排放。挥发性有机化合物主要是有机溶剂，对人类和动植物的危害很大。在太阳光的照射下，有机溶剂与空气中的氧化氮反应生成臭氧(O_3)，人们吸入臭氧含量超过一定限量，会导致严重的呼吸道疾病。距离地球表面40km的同温层富集了臭氧，形成了臭氧层，臭氧层能够过滤太阳光中的紫外线，过强的紫外线会使人们患皮肤癌和破坏地球植被。制冷设备中使用的制冷剂氟利昂就会破坏臭氧层，为使臭氧层免遭破坏，国家进行了立法保护。

2. 废涂料的排放

废涂料的处理也是汽车修理厂的重要工作。若将废涂料直接排放会通过大气、土壤及下水道对地表及人类赖以生存的水源造成极大的破坏。

3. 稀释剂的处理

汽车修理厂清洗喷枪、清洁工具所使用过的稀释剂也是产生环境污染源的主要因素。稀释剂使用后直接排放会导致有机物的挥发。

三 汽车修理厂的环保工作

1. 对有机物排放的环保措施

欧洲和北美国家都制定了严格限制有机物排放的环境保护法规。欧美国家的许多知名公司也采取各种措施，解决喷涂车间的空气污染问题。主要方法有：

(1)通过选择固体含量高的涂料及水性涂料来降低涂料中有机溶剂的使用。

(2)通过对喷涂设备的选择来降低涂料的浪费。如HVLP(高流低压)喷枪的使用可以提高涂料的使用率而达到降低有机物排放的目的。

采用HVLP喷枪可以大大降低溶剂散失,既降低有机物排放,同时经济效益也很可观。但是,我国修理厂为什么没有普遍使用HVLP喷枪呢?原因有以下几点:HVLP喷枪价格昂贵;汽车修理厂的空气压缩系统供气量不足,或者压力不稳定;用HVLP喷枪会提高空气消耗量,喷涂速度比传统喷枪速度慢5%~10%,HVLP喷枪离工件距离是13~17cm,而传统喷枪距离是18~23cm。

(3)液体吸附法。这种方法是利用吸收液吸收废气中的有机溶剂使废气净化。溶剂分为溶于水的、微溶于水和不溶于水的。溶于水的有甲醇、丙酮、丁醇、醚类等;微溶于水的有乙酸乙酯等;不溶于水的有苯、甲苯、二甲苯等。涂装作业废气中含甲苯、二甲苯最多,可以用柴油或机油洗涤吸收。洗涤吸收装置一般做成塔式,常用的有填料塔、喷淋塔和斜孔塔三种。

(4)直接燃烧法。直接燃烧法是将含有有机溶剂气体的混合气直接燃烧生成水和二氧化碳,放出的热量还可用于涂膜干燥,是一种经济简便的废气处理方法。

2. 对工业废水的处理

废水排放标准分为三个等级,等级数大,排放要求有所降低。废水处理标准也分三个等级,但是等级数越大处理力度越大。

(1)一级处理。主要是预处理,用机械方法或者简单的化学方法使废水中的悬浮物或者胶状物沉淀分离,中和溶液的酸碱度。

(2)二级处理。主要是解决可以分解或者可以氧化的有机物或者部分固体悬浮物的污染。常常采用生物化学分解废水中的有机物,或者添加凝聚剂使悬浮固体物凝聚分离。经过二级处理后水质明显改善,大部分可以达到排放标准。

(3)三级处理。是深度处理,主要处理难分解的有机物。处理方法有活性炭吸附、离子交换、电渗析、反渗透和化学氧化等。通过三级处理，废水达到地面水、工业用水或生活用水的水质标准。

3. 废物处理

涂装中的废涂料、粉尘、废抹布、废纸、废溶剂等经分类及循环使用后无法再使用的一般采用直接燃烧法，在专用焚烧炉集中烧掉效果好，方法简便。

四 涂料的存放和保管

涂料绝大多数都是易燃、有毒的物质，有一定的保存期。涂料在存放和保管中应该注意以下几点。

（1）存放涂料的库房必须专用，不得与其他物品（特别是易燃材料）存放在一起。库房要干燥，隔热，避免阳光直射。库房要有通风口，防止库房内有机溶剂的浓度过高而发生危险。库房内的照明应该使用防爆灯，开关应该安装在库房外面，防止开或关时产生电火花引起火灾。

（2）库房必须远离火源，库房门口应该有“严禁烟火”的醒目标志。火柴、打火机、手机不得带进库房。库房外应该放置灭火器、黄沙及其他灭火材料。

（3）库房室温不得超过28℃，夏季高温时应有降温措施，取料时避开中午，应在早、晚温度较低时取料。

（4）库房内存放不同性质的涂料，应该分堆或者分层存放，以免由于牌号不明而混淆不清，造成错发而发生事故。

（5）库房内不许调配涂料。涂料桶不得有缝隙。使用过的涂料桶盖必须盖紧。不准存放敞口的涂料桶。

（6）库房内不准存放使用过的棉纱、纸屑。涂料空桶不应存放在库房内，应该集中存放在通风好、无易燃物品的地方，并定期处理。

（7）库房进料时应该登记涂料出厂日期、进库日期和规定的保存期，做到先进先出，防止存放时间超过保质期而造成涂料变质（干化、结皮、沉淀等)。

(8)对于用量小或容易变质凝结的涂料,不宜大量进货,防止造成积压。

(9)选择合适的计算机软件管理库房。

第二节　安全用电

一 安全用电的重要性

安全用电生产是企业经营管理的基本原则之一,安全促进生产,生产必须安全。

如果我们没有掌握安全用电的知识,违反用电操作规程,不仅会造成停电、停产、损坏设备和引起火灾,而且容易发生触电事故,危及生命。因此,研究触电事故的原因和预防措施,提高安全用电的技术水平,是非常重要的。

触电是指电流以人体为通路,使身体的一部分或全身受到电的刺激或伤害。触电可分为电击和电伤两种。电击是指电流通过人体,造成人体内部器官伤害,这是十分危险的;电伤是指电流对人体外部造成的局部伤害,如电弧烧伤、电灼伤等。

触电的伤害程度与通过人体电流的大小、频率、时间长短、人体电阻以及通过人体的途径等因素有关。其中电流是触电伤害的直接因素,通过人体的电流越大,致命的危险也就越大,如通过人体 1mA 的工频电流就会使人有不舒服的感觉;通过人体 50mA 的工频电流就会使人有生命危险;通过人体 100mA 的工频电流则足以使人死亡。

触电的原因和方式:

(1)触电的原因。造成触电事故的原因,常见的有以下三种。

①忽视安全操作,违章冒险。

②缺乏安全用电的基本常识。

③输电线或电气设备的绝缘损坏，当人体触及带电的裸露线或金属外壳时，就会触电。

(2)触电方式。触电的方式分为单相触电和两相触电。

①单相触电。单相触电是指人体站在地面上，人体某一部位触及一相带电体。大部分的触电事故都是单相触电。此时人体承受220V的电压，电流通过人体流向大地，再经过其他两相电容或绝缘电阻流回电源，当绝缘不良或电容很大时也有危险。

②两相触电。两相触电是指人体同时触及两根火线，此时加在人体的电压是380V，触电后果非常严重。

二 安全用电注意事项

(1)检修电气设备或更换熔断丝时，应首先切断电源，并在电源开关处挂上“严禁合闸”的警告牌；在没有采取足够的安全措施的情况下，严禁带电工作。

(2)使用各种电气设备，应采取相应的安全措施。如使用手提式电钻时，必须戴上橡皮手套或站在绝缘垫上。

(3)电热设备应远离易燃物，用毕即断开电源。

(4)判断电线或用电设备是否带电，必须用验电器，如测电笔(一般在250V以下使用)等检查判断，不允许用手去摸试。

(5)电灯开关应接在火线上，用螺旋灯头时不可把火线接在跟螺旋套相连的接线柱上，以免调换灯泡时触电。

(6)电线或电气设备失火时，应迅速切断电源。在带电状态下，不能用水和泡沫灭火器灭火，否则会使人触电。这种情况可用黄沙、二氧化碳灭火器和1211灭火器进行灭火。

(7)发现有人触电时，首先应使触电者脱离电源，然后进行现场抢救。

第三节 灭火技术

一 溶剂的危险性

汽车修理厂要使用大量的有机溶剂,溶剂有两方面的用途:一是用于降低涂料的黏度,便于施工;二是用于洗涤喷涂工具和设备等。有机溶剂有很强的挥发性,它是发生火灾和爆炸事故的主要因素。

(一)基本特性

1. 闪点

可燃性液体的蒸气与空气形成可燃性混合气体,遇到明火而引起闪电式燃烧,这种现象称为闪燃。引起闪燃的最低温度称为该可燃液体的闪点。根据闪点将溶剂和涂料的火灾危险等级分为三级。

(1)一级火灾危险品。闪点在21℃以下,极易燃;

(2)二级火灾危险品。闪点为21~70℃,一般易燃;

(3)三级火灾危险品。闪点在70℃以上,难燃。

2. 着火点

着火点是溶剂蒸气遇火能燃烧5s以上时的最低温度,比闪点略高些。

3. 自燃点

自燃点是不需要借助火源,物质加热到一定的温度后自行燃烧的最低温度,比闪点高得多。

4. 爆炸范围

可燃性气体与空气混合形成爆炸性混合气体,点火即爆炸。产生爆炸的最低浓度称为爆炸下限,最高浓度称为爆炸上限。在爆炸上限和爆炸下限之间都能产生爆炸,称为爆炸范围。为了确保安全,易燃气体和溶剂蒸气的体积应控制在下限浓度的25%以下。

5. 溶剂蒸气密度

用相同体积的溶剂蒸气与空气质量比表示。易燃性溶剂的蒸气一般比空气重，有积聚在地面和低处的倾向，因此通风换气口应该设置在接近地面处。

（二）涂装作业中的常见火种

1. 自燃火种

浸有清洁剂、溶剂、涂料的擦布和棉纱若不及时清洗，如果温度达到了自燃点，就会"自动着火"。

2. 明火

涂装车间内严禁吸烟，禁止携带火种，严禁使用可以产生火种的工具和设备。若必须使用喷灯、电烙铁、电焊机等，应按规定进行动火申请，并在相关人员的监督下，在规定的区域内操作。

3. 撞击火花

用铁器敲打或者开启金属桶，铁器相互敲击或穿有铁钉的鞋子撞击铁器都容易发生撞击火花。

4. 电气火花

普通的电器设备开关在切断或闭合时，会产生接触瞬间火花，电源线超负荷时也会产生过热现象，这些都是产生火灾的隐患。必须采用防爆型照明装置，电动机插头必须有接地线。在使用溶剂的工作场所，禁止安装闸刀开关、配电箱、断路器及普通电动机。

5. 静电

静电是火种的来源之一，两个绝缘体之间的摩擦是产生静电的主要原因，也是发生火灾和爆炸事故的根源。涂装车间内的设备、管道、较大型的溶剂容器都必须接地，避免产生静电。

二　灭火方法和灭火器

1. 灭火的基本方法

（1）移去或隔离已经燃烧的火源，熄灭火焰。

(2)隔绝空气,切断氧气,使火焰窒息,或者将不燃烧的气体(如二氧化碳)喷射到燃烧的物体上,使空气中的氧气含量下降到16%以下,熄灭火焰。

(3)用冷却法把燃烧物的温度降低到着火点以下,即可以灭火。

2. 常用的灭火器

灭火器的种类很多,按其移动方式分为手提式和推车式;按驱动灭火剂动力来源分为储气瓶式、储压式、化学反应式;按所充装的灭火剂分为泡沫、二氧化碳、干粉、卤代烷(例如常见的1211灭火器),还有酸碱、清水灭火器等。

我们常见的灭火器有MP型、MPT型、MF型、MFT型、MFB型、MY型、MYT、MT型、MTT型,这些字母的含义如下:

第一个字母M表示灭火器;第二个字母F表示干粉,P表示泡沫,Y表示卤代烷,T表示二氧化碳;有第三个字母的,T表示推车式,B表示背负式,没有第三个字母的表示手提式。

下面介绍最常用的泡沫、干粉、卤代烷、二氧化碳四种灭火器的性能、适用范围及操作方法。

(1)MP型手提式化学泡沫灭火器(图6-6)。根据国家标准,MP型手提式灭火器按所充装灭火剂的容量有6L和9L两种规格,其型号分为MP6和MP9。

这种灭火器适用于扑救液体和可熔融固体物质燃烧的火灾,如石油制品、油脂等,也适用于扑救固体有机物质燃烧的火灾,如木材、棉织品等;但不能扑救带电设备、可燃气体、轻金属、水溶性可燃易燃液体燃烧的火灾。

灭火器使用期在两年以上的,每年应送有关部门进行水压试验,合格后方可继续使用,并在灭火器上标明试验日期。每年要更换药剂,并注明换药时间。

(2)MT型二氧化碳灭火器(图6-7)。二氧化碳灭火器利用其内部所充装的高压液态二氧化碳本身的蒸气压力作为动力喷出灭火。

二氧化碳灭火剂具有灭火不留痕迹、有一定的绝缘性能等特点，因此适用于扑救600V以下的带电电器、贵重设备、图书资料、仪器仪表等的初起火灾，以及一般的液体火灾；不适用于扑救轻金属火灾。

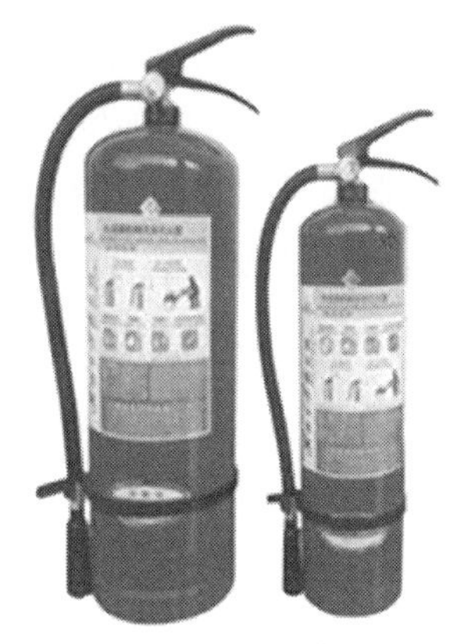

图6-6　MP型灭火器

图6-7　MT型灭火器

应该注意二氧化碳是窒息性气体，对人体有害，空气中的二氧化碳含量达到8.5%，人就会呼吸困难、血压增高，二氧化碳含量达到20%～30%时，会引起呼吸衰弱，精神不振，严重的可因窒息而死亡。因此，在空气不流通的火场使用二氧化碳灭火器后，必须及时通风。如在室外，则不能逆风使用。

二氧化碳灭火器应放置在明显、取用方便的地方，不可放在采暖或加热设备附近以及阳光强烈照射的地方，存放温度不要超过55℃。

定期检查灭火器钢瓶内二氧化碳的储存量，如果质量减少1/10时，应及时补充灌装。在搬运过程中，应轻拿轻放、防止撞击。在寒冷季节使用二氧化碳灭火器时，要防止阀门冻结。灭火器每隔5年送专业部门进行一次水压试验，并打上试验年、月的钢印。

(3)MF型手提式干粉灭火器。干粉灭火器是以高压为动力，由喷射筒内的干粉进行灭火，为储气瓶式。它适用于扑救石油及其产品、可燃气体、易燃液体、电气设备的初起火灾，广泛应用于工厂、船舶、油库等场所。

MF型灭火器要进行定期检查，如发现干粉结块或气量不足，应及时更换灭火剂或充气。

MF 型灭火器一经打开启用,不论是否用完,都必须进行再充装,充装时不得变换干粉品种。存放环境温度在 -10 ~55℃。

灭火器每隔 5 年或每次在充装前,应进行水压试验,以保证耐压强度,检验合格后方可继续使用。推车式干粉灭火器的使用和维护方法与手提式干粉灭火器相同。

图 6-8　1211 灭火器

(4) MY 型手提式 1211 灭火器(图 6-8)。1211 灭火器利用装在筒内的氮气压力将 1211 灭火剂喷射出去进行灭火。1211 是二氟一氯一溴甲烷的代号,它是我国目前生产和使用最为广泛的一种卤代烷灭火剂,以液态灌装在高压钢瓶内。1211 灭火剂是一种低沸点的液化气体,具有灭火效率高、毒性低、腐蚀性小、久储不变质、灭火后不留痕迹、不污染、绝缘性能好等优点。

1211 灭火器可用来扑救精密仪器仪表、贵重的物资、珍贵文物、图书档案等初起火灾;扑救飞机、船舶、车辆、油库、宾馆等场所固体物质初起火灾。

1211 灭火器按充装灭火剂量可分为 0.5kg、1kg、2kg、3kg、4kg、6kg 六种型号规格。

使用 1211 灭火器时,首先拔掉安全销,然后握紧压把进行喷射。但应注意,灭火时要保持直立位置,不可水平或颠倒使用,喷嘴应对准火焰根部,由近及远,快速向前推进;要防止回火复燃,零星小火则可采用点射。如遇可燃液体在容器内燃烧时,可使用 1211 灭火剂的射流自上而下向容器的内侧壁喷射。如果扑救固体物质表面火灾,应将喷嘴对准燃烧最猛烈处左右喷射。

1211 灭火器应存放在通风、干燥、取用方便的地方，储存处的环境温度为 -10 ~45℃。不得存放在采暖或加热设备附近以及阳光强烈照射的场所，以免变质失效。

每隔半年检查一次灭火器上的压力，压力表指针指示在红色区域内，应立即充灭火剂和氮气。每隔 5 年或再次装灭火剂前，应进行相当于压力 1.5 倍的水压试验，合格后方可继续使用。

参 考 文 献

[1] 中国汽车维修行业协会. 车身涂装(模块G)[M]. 北京:人民交通出版社,2008.

[2] 程玉光,王怡南. 涂装材料[M]. 北京:高等教育出版社,2006.

[3] 马学高,刘跃国. 汽车车身修复技术[M]. 北京:中国劳动社会保障出版社,2010.

[4] 李远军. 汽车涂装技术[M]. 北京:理工大学出版社,2008.

[5] 李庆军,王凤军. 汽车车身修复及涂装技术[M]. 北京:机械工业出版社,2011.

[6] PPG 公司. 涂装大师.